H.

MASCARADES

MONASTIQUES

ET RELIGIEUSES

DE

TOUT LE GLOBE.

MASCARADES MONASTIQUES

ET RELIGIEUSES

DE TOUTES LES NATIONS

DU GLOBE,

Représentées par des figures coloriées dans la plus exacte vérité, avec l'abrégé historique, chronologique et critique de chaque ordre, enrichi de notes sur l'origine de toutes ces pieuses folies;

PAR GIACOMO CARLO RABELLI.

Dédié à la République Française, par l'Auteur.

Vous trouverez dans cet ouvrage-ci,
Du passable, du bon, du médiocre aussi;
Voilà le portrait de tout livre.

DU CERCEAU.

A PARIS,

L'AN Ier. DE LA RÉPUBLIQUE FRANÇAISE, 1792.
Imprimé l'an II,
M. DCC. VIIC.

NE ME LISEZ PAS,

Esprits faibles, nations superstitieuses, vous qui ne connaissez pas le prix de la vérité; ne lisez pas cet ouvrage, il vous scandalisera.

Despotes, vous ne lui serez pas favorables, il discrédite vos ministres les plus adroits à forger des fers au genre humain, et par conséquent ceux dont vous avez le plus grand besoin.

Partisans du clergé, vous le trouverez impie; il sappe les fondemens des tréteaux de vos protégés; il découvre tout le charlatanisme, des ministres de toutes les religions.

Ignorans OPINIATRES, vous ne croirez pas que c'est un ami qui vous parle; vous ne verrez dans cet ouvrage que la majesté divine offensée dans la personne des *fourbes* qui, de leur autorité privée, se sont arrogés le droit de vous parler en son nom.

Jugeant du ciel par la terre, vous croirez qu'il faut absolument un intermédiaire, entre la créature et le créateur, et que ce mortel privilégié, doit être un prêtre engraissé de vos sueurs.

NE ME LISEZ PAS.

CET OUVRAGE

CONTIENT SUR CHAQUE ORDRE,

1°. Le nom de l'ordre.

2°. Celui de l'instituteur, ou fondateur, quand il est connu.

3°. La date et le lieu de l'établissement, et les pays où il s'est étendu.

4°. Ses usages, mœurs et coutumes particulières, et les particularités y relatives.

5°. Ses antiquités, s'il en a.

6°. Son costume et ses variétés, s'il en existe.

7°. Ses statuts et constitutions, s'ils en valent la peine.

8°. Les grands hommes, ou réputés tels, que l'ordre se vante de posséder.

9°. Son utilité morale, physique et politique, avec un coup d'œil d'observation, s'il y a lieu.

10°. Conclusion concise sur le tout.

11°. Autorités, avec l'indication des livres rares que l'on a consulté.

12°. Les figures représentant l'habit et l'air de chaque ordre, avec une indication numérale au bas de chaque figure, et en haut de chaque planche, pour correspondre à leurs chapitres.

13°. Une table des chapitres et des figures contenues dans chaque volume.

EXPLICATION DU FRONTISPICE.

L'IGNORANCE, *personifiée par un vieillard , pour montrer qu'elle est ancienne ,* dort d'un sommeil profond et paisible , sur des volumes de sciences exactes (1), et appuyée contre la Vérité qu'elle méconnaît, et à laquelle elle tourne le dos ; car l'Ignorance n'est jamais du parti de la Vérité.

Le globe du monde est près d'elle, pour indiquer le pouvoir très-étendu qu'elle a encore sur la majeure partie de ses habitans ; elle a la robe , la ceinture , le chapelet, la barbe, les oreilles , la couronne et les sandales monastiques (2), parce que c'est par cette classe que l'église entretient l'Ignorance sur la

---

(1) On entend par sciences exactes, celles qui enseignent des vérités incontestables, telles que la physique, les mathématiques, et tout ce qui ne laisse aucun doute après soi, comme deux et deux font quatre, etc.

Par opposition, l'on donne celui de conjecturales à la théologie, la médecine, l'astrologie judiciaire, et à beaucoup d'autres du même genre ; quoique leurs sectateurs, intéressés à leur conservation , prétendent et veulent prouver, par des raisonnemens, plutôt que par des raisons, qu'elles méritent une très-grande considération.

(2) Les ordres savans ne reconnaîtront pas leur uniforme dans cette allégorie ; quand à ceux qui peuvent l'y reconnaître , et qui , par leur mérite, se sont élevés au-dessus de leur ordre, on leur observera que leur science étant individuelle , elle faisait d'autant plus exception à la règle, que l'ignorance de l'ordre était générale.

D'ailleurs, il ne serait pas plus juste que leurs talens fussent attribués à leur corps, que de les couvrir individuellement des défauts de l'ordre en général.

En effet, le capucin savant, quoique capucin , n'a jamais pu être confondu avec les capucins, qui n'étaient que capucins.

a ij

terre, afin de pouvoir plus sûrement y régner au nom du Ciel.

Les titres des principaux volumes entassés sous elle , sont : Analyse , Physique - expérimentale , Connaissance des droits et devoirs de l'Homme en société , Égalité en droits , etc. Tous ces ouvrages contraires au despotisme ecclésiastique , étaient soigneusement cachés sous la robe de l'Ignorance ; il n'y avait que quelques individus courageux qui fussent capables de surmonter les difficultés sans nombre qu'on éprouvait pour les découvrir.

La Vérité a la tête rayonnante , l'image du soleil sur son sein , et le miroir à la main , symboles de sa clarté ; elle est nue , parce que la Vérité ne doit jamais être voilée sous aucun prétexte ; elle est posée sur un piédestal quarré , pour désigner sa solidité (1). On lit sur le piédestal : *Droits de l'homme , 14 juillet 1789, 10 août 1792* , pour désigner que ce fut là , les époques du commencement de son règne en France.

Description de la planche 26 , servant de cul-de-lampe à ce premier volume.

Une main céleste , sortant d'un nuage , tient une balance de fer ; dans l'un de ses bassins , sont les principaux attributs pontificaux et monastiques ; dans l'autre , est une tête de mort qui les tient en équilibre.

---

(1) Comme par opposition , et pour démontrer son instabilité , on pose ordinairement la Fortune sur une boule , ou sur une roue au milieu d'une mer agitée.

TABLE DES CHAPITRES

De ce premier volume.

Fin de la Table des Chapitres du premier volume.

ADRESSE

Pl. 1.
Rabetti fecit.
N.° 1.
N.° 2.

ADRESSE

EN DÉDICACE
A LA RÉPUBLIQUE FRANÇAISE,
Par un Français Républicain.

C'est à vous Français régénérés, mes compatriotes, que je fais l'hommage de mon travail : s'il peut vous être utile, et vous délasser de vos occupations, j'aurai atteint le but que je me propose.

J'invoque la vérité, en vous faisant passer en revue toutes ces institutions bisarres que la cupidité, dirigée par l'ignorance, a décorées du masque de la piété; mais les tems des prestiges sont écoulés : vous verrez la chose sans son masque; elle vous paraîtra dans toute sa difformité.

Vous verrez, quelle était la piété qui logeait dans les cloîtres, quand les Français les ont détruits.

Vous saurez aussi comment les moines ont, et peuvent avoir des mœurs, quand vous aurez bien réfléchi sur la nature de leurs devoirs, et sur les devoirs de la nature.

> Il est des momens de faiblesse
> Où la nature peut tomber;
> On court risque de succomber,
> Quand on est obligé de combattre sans cesse.

Nouveau choix de vers.

Vous ne pourrez plus être trompés par ces hommes hypocrites, dont le dehors séduit, QUAND VOUS NE JUGE-REZ LES INDIVIDUS QUE SUR LEURS ACTIONS : c'est-là, la vraie pierre de touche des hommes , comme le fruit est celle des arbres.

Sur-tout n'oubliez pas , qu'il faut bien long-tems à une ame vraiment vertueuse, pour prendre la teinture du vice, et que rarement le vice, reprend réellement le lustre de la vertu.

> Le moine est né pour vivre des abus :
> Détruisez-les, le moine ne vit plus.

La révolution m'a donné la liberté d'écrire la vérité sur une classe qui avait toujours su la chasser loin du vulgaire ; elle me rendra plus sévère à moi-même , que ne le furent jamais les censeurs du despotisme ; mais je n'en serai pas pour cela plus esclave des préjugés : en découvrant les défauts d'un institut , ou les vices des moines, je ne ferai rien perdre à l'ordre, s'il est estimable.

Je ferai connaître également le vice et la vertu : la même main qui déchire le masque à l'hypocrite , levera aussi le voile épais dont la modeste vertu se couvre. Nulle passion ne me fera jamais laisser en arrière la vérité , ni l'affubler d'habits lugubres ; je ne sais pas la déguiser ; et si j'avais quelques ornemens à lui donner , je préférerais à tout autre , les attributs de la gaité franche , parce que c'est ordinairement le moyen qui, par l'agréable, conduit à l'utile : L'amitié même , ne me fera pas déguiser la vérité.

Amicus plato sed magis amica veritas.

L'an premier de la République Française.

RABELLI.

INTRODUCTION.

L'ouvrage que nous offrons aujourd'hui à nos concitoyens, jouit, depuis vingt ans, du suffrage public; il n'était, par son volume et son prix, qu'à la portée d'un petit nombre d'individus riches amateurs, et les censeurs avaient soin que la vérité n'y parût qu'affublée des voiles les plus épais, selon le genre alors reçu de l'admettre dans l'histoire.

Cette nouvelle édition est semblable à la première, quand au fond, mais toute différente pour la forme, et la vérité y est à l'ordre du jour. D'ailleurs, n'étant plus un objet de luxe, mais d'utilité publique, la modicité de son prix le met à la portée de tous les citoyens tant soit peu aisés.

Son utilité publique est facile à démontrer; habituer le peuple, plus laborieux qu'instruit, à voir de près et sans prévention, certains objets dont la cour de Rome avait fait des fantômes; lui faire connaître la vie privée de certains êtres, qui, dans la représentation, n'offrent que des vertus; lui donner, mais avec enjouement, des leçons de la vraie morale, la seule qui convienne à un peuple vraiment républicain, celle dont la vérité fait la base; être enfin chez l'étranger, le précurseur de la liberté, en y portant l'avant goût de nos réformes.

La morale du cosmopolite (1) est toujours frater-

---

(1) Cosmopolite, en latin *cosmopolita*, nom formé du grec Κόσμος *cosmos*, le monde, et Πόλις *Polis*, ville. Il désigne un homme qui nulle part n'est étranger, qui regarde l'univers comme sa patrie, et tous les humains comme ses frères.

nelle, douce, insinuante et sociale ; elle ne tend qu'à faire de l'univers entier une seule famille, et ses progrès ne pourront jamais alarmer que les despotes. Les amis de la vérité seront toujours nos appuis, nos défenseurs même, s'il en était nécessaire.

Nous voulons, que l'artisan utile et laborieux se délasse en s'instruisant avec nous ; qu'il s'étonne d'avoir été si long-tems la dupe de l'hypocrisie des gens qu'il engraissait du plus pur de ses sueurs ; qu'il sache apprécier aussi, ces prétendues vocations, qui étaient un impôt indirect, d'autant plus dur pour lui, qui le payait, que ce n'était pas dans cette caste amie de la nature, que se trouvait un grand nombre de ces vocations ; qu'il apprenne enfin, qu'elles n'étaient inventées que pour alimenter la cruelle vanité de certaines familles, et pour le malheur des victimes qu'elles sacrifiaient au luxe de quelques parens égoïstes (1).

Nous voulons encore, qu'il soit indigné d'avoir si long-tems et si patiemment ouvert ses trésors, pour stipendier ce chef visible d'une religion fondée sur la pauvreté, et qui recommande le mépris des richesses ; ce souverain successeur d'un pauvre pêcheur, ignorant et grossier ; ce vicaire d'un Dieu qui a prêché d'exemple l'humilité : qu'il sache démêler aussi l'astucieuse ambition ultramontaine, d'avec l'unité chimérique de l'église ; qu'il perde l'imbécille

____

(1) Mot formé du latin *ego*, qui signifie moi, et dont on a fait égoïsme et égoïste. Il désigne un amour presque toujours désordonné de soi-même, au préjudice des autres.

habitude de croire que son frère, né dans d'autres climats, et avec une autre couleur de peau, sera moins cher à l'être éternel qui l'a créé, parce qu'il ne lui rend pas son hommage de la même manière que lui, et qu'il ne paye pas, le tribut qu'exige un ambitieux pontife étranger qu'il ne connaît pas, et duquel il n'a nul besoin.

Voilà le but de cet ouvrage.

La vérité sera la base de toutes nos observations impartiales et historiques ; toutes seront relatives au texte, fondé lui-même sur les recherches les plus exactes et les plus avérées. Si par fois le sel de l'épigramme se fait sentir, nous aurons soin qu'il n'y soit jamais âcre ; l'aiguillon réveille, mais le trait acéré blesse ; et nous voulons bien, quand l'occasion s'en présentera, jouir du droit de piquer légèrement l'épiderme, sans faire plus qu'effleurer la peau.

> » La satyre, en leçons, en nouveautés fertile,
> » Sait seule assaisonner le plaisant et l'utile,
> » Et d'un vers qu'elle épure aux rayons du bon sens,
> » Détromper les esprits des erreurs de leurs tems.
> » Elle seule, bravant l'orgueil et l'injustice,
> » Va jusques sous le dais faire pâlir le vice,
> » Et souvent sans rien craindre, à l'aide d'un bon mot,
> » Va venger la raison, des attentats d'un sot.

Boileau, Sat.

Lorsque nous parcourrons ces climats brûlans, où le vœu de la nature est le seul culte que l'on rende à la divinité, nous présenterons la nature dans sa simplicité ; mais avec toute sa candeur, et de manière à ne pas alarmer la pudeur : nous voulons faire chérir la vérité, et non la faire craindre ; nous voulons prouver que son culte est nécessaire au bonheur des humains, et que sans elle toute la vie est un songe pénible, un voyage désagréable dans une route incommode, dans un labyrinte inextricable : mais que par elle, toutes les difficultés s'applanissent, et l'homme ne cherche plus en vain.

> » Compagne des vertus, sublime vérité,
> » Qu'instruit par tes leçons, guidé par ta clarté,
> » L'homme apprenne de toi que c'est le plaisir même,
> » L'âme de l'univers, le don d'un Dieu suprême,
> » Qui lui fera trouver, loin des mortels jaloux,
> » Son bonheur personnel dans le bonheur de tous.
>
> *Helvétius*, *Poëme du bonheur, chant IV*.

La partie des cultes sera traitée sans prévention ; nous y mettrons autant de décence que d'impartialité ; nous serons historiens et non juges ; nos opinions ne nous rendrons jamais plus partisans d'une secte que d'une autre. Il y a long-tems que nous avons dit que l'on ne devait jamais, dans les ouvrages d'un historien, reconnaître quel était son pays, ni sa religion. Nous n'aurons donc, en écrivant, ni patrie, ni religion ; nous examinerons successivement celles des peuples dont nous parlerons, et la vérité seule sera notre divinité.

Si, pour nous appuyer, nous citons en langue originale les textes des différens auteurs, la traduction précédera ou suivra toujours la citation ; ainsi nos lecteurs n'y perdront jamais rien , et nous citerons pour acquérir la confiance, et non pour faire une vaine parade d'érudition.

Nos figures ne seront jamais hazardées : nous ne les représenterons point sans indiquer leur source ; la régularité la plus scrupuleuse dans les costumes sera observée d'un bout à l'autre de l'ouvrage ; et nous osons nous flatter que le dernier volume pourra soutenir avec avantage , pour lui, la comparaison des précédens.

Si cet ouvrage est accueilli , nous donnerons ensuite l'origine de plusieurs éminens personnages qui jouent un grand rôle sur la surface du globe, et dont les progrès d'élévation feront faire des réflexions utiles au bien public dans tous les tems possibles.

AVERTISSEMENT.

C'EST plutôt une édition nouvelle qu'un ouvrage nouveau que nous présentons au public; mais comme autrefois les ouvrages de ce genre n'étoient accessibles que pour les grands et pour les riches, celui que nous offrons aujourd'hui à la nation française l'est pour tous les citoyens : nous avons sacrifié notre intérêt au plaisir de présenter sous son vrai point-de-vue, des êtres qui n'avoient jamais été soumis publiquement à l'œil observateur du philosophe : on les connaissait bien dans l'ombre du cabinet, mais non pas au grand jour ; et c'est ce que nous avons entrepris et que nous exécutons. Il y a vingt ans que nous ramassons les matériaux, et que nous examinons dans le silence, les mœurs de ces favoris de Plutus et d'Epicure, pour les comparer enfin avec les loix auxquelles le vulgaire croit qu'ils sont soumis.

Ce recueil ne sera pas simplement une compilation de tous ceux de ce genre ; il offrira encore tous les faits que les auteurs ont négligés ou ignorés, et la correction des erreurs qui leur sont échappées.

Cette partie de notre travail n'a pas été la moins pénible ; elle nous a obligé souvent de refondre le texte des auteurs que nous avons pris pour guide : par-tout où ce texte a pu subsister, nous l'avons employé, en citant le livre qui nous le fournissait ; et nous avons rendu compte, dans des notes, des changemens que nous y avons faits , en mettant nos motifs et nos recherches sous les yeux de nos lecteurs ; ce que l'on peut vérifier par l'inspection de cet ouvrage.

La chronologie méritait d'autant plus notre attention , que nous l'avons trouvée non-seulement très-négligée, mais encore fort altérée par la plupart de nos auteurs : nous avons tâché de porter dans la partie de cet ouvrage qui nous appartient le plus particulièrement, les soins nécessaires pour les recherches qui nous ont mis en état de rectifier leurs méprises.

Le tems qui s'est écoulé depuis que l'on a donné l'histoire des ordres religieux (1), les suppressions anciennes, celles que l'on doit à la révolution, et enfin les réflexions que l'état actuel des choses fait naître avec liberté, et sans crainte d'être étouffées par la pesante verge des censeurs despotes, nous ont fourni un champ assez vaste, et nous avons entrepris de le cultiver.

Des figures gravées à l'eau-forte, et coloriées exactement, donneront une idée plus juste du costume de chaque ordre que toutes les descriptions : la meilleure manière de faire connaître un objet quelconque, c'est de le mettre sous les yeux (2). Chaque figure sera accompagnée d'un abrégé historique et chronologique de l'ordre auquel elle appartient, et c'est de cette partie de l'ouvrage que nous venons de rendre compte plus haut. Ces abrégés auront plus ou moins d'étendue, selon l'importance ou le ridicule de l'ordre.

---

(1) Les deux derniers auteurs sont le père Helyot, en 1714, et qui n'a parlé que des catholiques romains et grecs, ect., et le C. Bar, en 1778, et dont l'ouvrage n'est même pas encore achevé; mais ce dernier, qui nous a permis de tirer tout le parti possible de son grand ouvrage, l'a traité avec toute la majesté de l'histoire, au lieu que du nôtre, on pourrait quelquefois dire avec Santeuil, si-non de fait, au moins de volonté : « *castigat ridendo mores.* » Si quelques-uns d'eux étaient corrigibles, nous dirions aussi : en riant nous corrigeons les moines.

(2) *Segniùs irritant animos demissa per aurem,*
Quam quæ sunt oculis subjecta fidelibus......

Horat., art. poët.

Pour éviter la monotonie qu'aurait produite dans cette collection une marche réglée et uniforme, et pour y mettre cette variété qui plaît au plus grand nombre de lecteurs, nous ne nous astreindrons à aucun autre ordre qu'à celui de mettre ensemble les parties qui ne doivent pas être séparées ; de-là, naîtra un mélange piquant qui, en admettant à côté d'un capucin barbu, une jeune et fraîche religieuse, ou un maigre calender, en opposition avec un de nos chanoines gras et vermeil, flattera plus l'œil philosophe qu'une série froide et uniforme de religieux d'un même ordre, sur laquelle la marche chronologique, dans la distribution actuelle de cet ouvrage, nous aurait forcé de nous fixer.

A la fin de l'ouvrage, nous donnerons des tables alphabétiques et par ordre de matière, qui mettront nos lecteurs dans le cas de trouver chaque ordre dans le rang que lui assigne son siècle, ou la date de sa fondation, ou celui qui sera plus conforme à leur goût, ou enfin au besoin qu'ils auront de les consulter.

Nous osons nous flatter que notre correspondance, une des plus étendues de l'Europe, contribuera beaucoup à la perfection de notre ouvrage.

A V I S

DU LIBRAIRE-IMPRIMEUR,

Contenant les conditions de la souscription, ou plutôt inscription.

L'auteur, connu avantageusement, vient de donner une idée de la manière dont il traitera la partie historique. En conséquence, exactitude de costumes, exécution de gravures et de typographie, rien n'échappera à sa vigilance ; il veut conserver sa réputation.

L'ouvrage ne passera pas cinq à six tomes de format in-8°, même papier et même caractère que cet Avis ; et par conséquent ne coûtera, en tout, que 5o à 6o liv. de France.

La demande de l'inscription, n'est que pour pouvoir fixer le nombre que l'on doit tirer, et non pour donner des entraves au public. Le premier volume paraîtra lorsque le nombre des inscriptions sera suffisant pour couvrir les frais de l'impression. L'ouvrage étant fini, les volumes se succéderont avec rapidité.

Le prix de chaque volume, y compris les figures coloriées, sera de dix livres de France, pour les souscripteurs seulement, et d'un quart en sus pour les non-souscripteurs ; nous ne demandons aucune autre avance que l'engagement par écrit, de prendre et de payer chaque volume en le recevant, à mesure qu'il paraîtra.

Ceux qui ne feront pas retirer leur exemplaire à chaque époque, indiquée dans les papiers publics, ne jouiront plus des avantages de la souscription.

Les libraires auront une remise convenable.

Les libraires étrangers seront traités fort avantageusement.

Ceux qui prendront douze exemplaires auront le treizième *gratis.*

Il y aura deux éditions, l'une en papier ordinaire, comme cette annonce, et l'autre sur papier vélin, dont le prix sera de 24 livres de France le volume, pour les souscripteurs seulement.

Les personnes qui habitent dans les départemens pourront souscrire chez les libraires de leur ville ; on leur y fera passer le nombre des volumes qu'elles demanderont à l'adresse qu'elles indiqueront, et par la voie la plus commode et la plus économique pour elles.

La liste des souscripteurs se donnera à la fin du dernier volume.

MODÈLE DE SOUSCRIPTION.

Je soussigné, m'oblige de prendre chaque volume du recueil de toutes les Mascarades monastiques et religieuses de toutes les nations, etc., à mesure qu'il paraîtra, en payant, à Paris, la somme de 10 liv. pour l'exemplaire ordinaire, et 24 liv. pour l'édition papier vélin.

FAIT à . . . . département de . . . . ce . . . , . . . du mois de . . . . l'an . . . . . . de la république française.

On souscrit à Paris, chez C. A. RABELLI, éditeur, rue du Roi doré, nº. 2, au marais, au second.

MASCARADES

MASCARADES MONASTIQUES ET RELIGIEUSES DE TOUTES LES NATIONS DU GLOBE.

CHAPITRE PREMIER.

NOBLES VÉNITIENS,

Chanoines séculiers, mendians, de la Congrégation de Saint - Georges in Alga, à Venise, établis en 1404.

Cet ordre, d'abord peu considérable par le nombre, mais très-distingué par les sujets qui le fondèrent, fut, pendant quelques tems, un modèle de vertu. Ses chanoines, quoique nés dans l'opulence des premiers rangs de la république, descendirent volontairement à l'emploi de mendians (1), et observèrent strictement la plus étroite pauvreté.

Cela dura peu; car, pour quelques individus sages,

____

(1) Laurent Giustiniano qui, en 1424, fut élu général dans le premier chapitre que tint cet ordre, allait lui-même à la quête.

A

froids ou misanthropes, assez fermes pour abandonner le monde et ses plaisirs, il s'en trouva beaucoup plus de ceux qui, spéculateurs habiles, ne prennent l'état monastique de préférence à tout autre, que parce qu'il offre des ressources à l'ambitieuse vanité, au goût pour les délices et le repos : ces chanoines furent tout autant chanoines par la suite, que nos plus réguliers; car ils avaient autant de ferveur pour la table, le luxe et la molesse, que ceux de Cîteaux et de la Sainte-Chapelle, dont Boileau fait une peinture si frappante dans ces vers.

» Cîteaux dormait encore, et la Sainte-Chapelle
» Conservait, du vieux tems, l'oisiveté fidelle.
» Aucun soin n'approchait de *cet heureux séjour :*
» On reposait la nuit, on dormait tout le jour.

Nés, pour la plûpart, des premières familles de Venise, et par conséquent riches, ils ont donné de grands biens à cet ordre : ces grands biens ont introduit la facilité de satisfaire tous les goûts; cette facilité a mis en fuite leur régularité, déjà très-sécularisée, et qui ne tenait qu'à un fil.

La majeure partie de ces chanoines était composée de nobles Vénitiens, par conséquent plus nobles que la noblesse même, leur orgueil (2) insup-

____

(2) « La folie d'Erasme dit : les Vénitiens enflés de leur noblesse, » sont forts contens d'eux-mêmes; » l'histoire dit la même chose et encore plus : c'est elle qui nous apprend que ceux qui tiennent à une famille de doges régnans, ont le droit de porter la robe ducale, et de marcher dans la ville accompagnés d'estaffiers, de gondoliers, vêtus de livrée, et de porter une ceinture à boucles dorées.

On sait qu'à Venise, où les rues sont des canaux, il n'y a d'autres

portable (3) leur faisait rejetter toute espèce de subordination ; l'on trouvait facilement qui voulait et qui avait droit de commander ; mais il était impossible de rencontrer un individu qui voulût et qui crût devoir obéir.

Les nobles Vénitiens se prétendent indépendans les uns des autres ; en conséquence, ils se livraient

---

voitures que des gondoles ; les gondoliers sont là ce que les laquais et les cochers sont ailleurs, excepté que ces premiers ont le droit de dire tout ce qui leur vient de plaisant dans l'imagination, et la vivacité d'esprit de ces gascons de l'Italie, fait qu'ils s'en acquittent à merveille. Au surplus, leurs maîtres sont bien dédommagés, par leurs complaisances excessives, des sarcasmes qu'ils se permettent.

Si l'on veut trouver de plus amples notices sur les gondoliers et les Vénitiens, il faut consulter les histoires de Venise, en latin, par André Mauroceni, sénateur, *in-fol.* Venise, 1623 ; en italien, par Sansovino, Albrizzi et autres ; en français, par Amelot de la Houssaye, Saint-Didier et autres ; les lettres Juives et le dictionnaire d'Italie ; le voyage d'Italie, par Lalande ; les observations sur l'Italie, par Misson ; les mémoires d'Italie, de M. Richard ; et le dictionnaire d'anecdotes, au mot *vénitien* ; on sera dédommagé de la recherche.

A Venise, il y avait des nobles qui marchaient par la ville avec une escorte de vingt ou trente braves bien armés. On entend par braves, quand on parle des anciens Italiens, des spadassins à gages, toujours prêts à exposer leur vie au gré de leur patron.

(3) L'auteur des lettres Juives rapporte, qu'un français se promenant à Venise, dans la place Saint-Marc, heurta par mégarde, un de ces nobles dont Venise fourmille. Le noble le prit gravement par le bras, et lui demanda quel était, selon lui, l'animal le plus lourd ; le Français surpris de la question, hésita un moment ; mais le noble l'ayant réitéré, a réponse fut l'éléphant ; eh ! bien, dit fièrement le Vénitien, apprenez, monsieur l'éléphant, qu'on ne heurte point un noble Vénitien ; Cet homme n'avait assurément pas voyagé, et sur-tout en Angleterre car il y eût été heurté plus d'une fois.

A 2

à tous leurs goûts , et ne paraissaient dans la ville que pour y donner le spectacle scandaleux des moines , livrés à tous les excès des plaisirs en tous genres ; ils ne marchaient qu'accompagnés de plusieurs valets , bandits et autres coupe-jarets , gagés par eux , pour être les complaisans et les ministres odieux de leurs débauches. Fidèles observateurs des us et coutumes du clergé italien , leurs vices honteux révoltaient le spectateur vertueux le plus dévoué à la tolérance ; enfin , comme dit Deshoulières , ils avaient

» Un train , des valets , des richesses ,
» Par-tout excellens passe-ports
» Des vices de l'âme et du corps.

Tel était leur genre de vie , tant à la ville qu'en terre ferme , où les plaisirs de la campagne , de la chasse, des chevaux et des équipages brillans, étaient leurs uniques soins ,

» Sans se ressouvenir qu'autrefois l'Éternel
» Ne monta qu'une ânesse en un jour solemnel.

Si , par hazard , quelque censeur à barbe grise , leur remontrait leurs excès, ils s'en amusaient, le tournaient en ridicule, le baffouaient même, et l'un d'eux lui répondait plaisamment,

» Ma foi , j'en suis d'avis , que ces pénards chagrins
» Et vertueux par force , espèrent par envie ,
» Oter aux jeunes gens les plaisirs de la vie.

Moliere.

(5)

De plus sensés, observaient, non sans quelque vraisemblance, que,

> » Chaque âge a ses plaisirs, son esprit et ses mœurs.
> » La vieillesse chagrine, incessamment amasse,
> » Garde, non pas pour soi, les trésors qu'elle entasse,
> » Marche en tous ses desseins d'un pas lent et glacé ;
> » Toujours plaint le présent et vante le passé ;
> » Inhabile aux plaisirs dont la jeunesse abuse,
> » Blâme en eux les douceurs que l'âge lui refuse.

Boileau.

D'autres enfin, convenaient avec franchise, que nés dans le grand monde, au milieu des richesses, les goûts sont impérieux, et qu'

> » Un jeune homme, toujours bouillant dans ses caprices,
> » Est prompt à recevoir l'impression des vices,
> » Est vain dans ses discours, volage en ses desirs,
> » Rétif à la censure, et fou dans ses plaisirs.

Boileau.

Pour penser autrement, ajoutaient-ils, il faut avoir le cœur blasé, ou les sens glacés ; alors on voit tout en noir, et l'on appelle cela raisonner ; mais votre raison vaut-elle notre aimable folie ? Quels sont ses dons ? Peuvent-ils contribuer au bonheur ? Examinons.

Toujours aimable, la folie, à chaque âge, fait le charme de la vie ; elle unit les humains par des nœuds de fleurs ; elle émeut, pour l'enfance elle intéresse ; c'est par elle, que chaque individu sent cet attrait irrésistible à protéger ces petits êtres si charmans : c'est encore la folie, dans l'adolescence, qui fait plaire et réussir, par-tout où la sagesse, peut-être, ne ferait qu'échouer. Que peut-on sans elle dans l'âge mûr ? si pour suivre la raison, l'on quitte la folie, la perte est évidente, le bonheur fuit, la tristesse prend sa place, et qu'en obtient-on ?

    » Le regret du passé, la peur de l'avenir,
    » Le chagrin du présent, penser qu'il faut finir,
    » Ce sont les beaux présens que vous fait la raison.
Bossuet.

Ils enfantent les sombres réflexions, elles succèdent à la gaieté, minent les agrémens physiques, et souvent la santé ; l'esprit n'a plus ses mêmes ressources, son élasticité, son énergie, son feu, sa vivacité, sa gentillesse, enfin tout se perd. Plus l'homme, dit Érasme, s'éloigne de la folie, moins il s'approche de la route du bonheur ; car sans elle il n'est dans la vie nulle société, nulle union, nul agrément et nulle stabilité : en effet,

    » En ce monde il n'est point de parfaite sagesse.
    » Tous les hommes sont fous, et malgré tous leurs soins,
    » Ne diffèrent entr'eux que du plus ou du moins.
Boileau.

Cette façon de penser, cette morale épicurienne, ne conduit pas à la réforme et ne convient pas à des moines, aussi ne changèrent-ils pas de conduite ; l'habitude a tant d'empire ! La cour de Rome, qu'assurément on ne peut pas accuser de rigorisme, fut indignée de leurs excès, ou feignit de l'être : n'ayant pu les faire consentir à la réforme, et ne pouvant les tolérer, malgré la république, qui avait besoin d'argent pour la guerre, elle se vit forcée de les supprimer.

Clément IX , alors régnant , les supprima par sa bulle *Romanus Pontifex* , ect. , de l'an 1668 , dans laquelle il indique le motif *apparent* de leur suppression. Il donna, selon l'usage , (4) tous leurs biens à la république , pour s'en servir à la guerre qu'elle avait alors contre les Turcs , qui assiégeaient Candie dont ils se sont emparés.

Mais après avoir donné des preuves de leur corruption , il est bon d'en indiquer la source.

On ne sera pas surpris qu'ils n'ayent pas pu se soumettre à la réforme , quand on saura , que le sénat de Venise tolère excessivement tous les déréglemens des ecclésiastiques , pour les dédommager en quelque sorte de leur nullité dans le gouvernement ; cette liberté qu'il leur donne , de vivre à leur fantaisie, rend leur condition bien douce , et leur fait , à bon droit , regarder l'état Vénitien comme un lieu de délices.

Le sénat a trop d'intérêt à voir son clergé corrompu pour s'opposer à ses déréglemens.

1°. Parce qu'il se discrédite parmi le peuple , qui , tout corrompu qu'il est lui-même , n'est pas aveugle sur son ignorance et ses mœurs , et que dans le cas où il voudrait séduire la multitude , elle n'aurait pas confiance en lui , et mépriserait les clameurs de gens dont elle connaît toute la turpitude et le peu de capacité.

---

(4) C'est assez la manière des Papes pour encourager les Vénitiens à faire la guerre aux Turcs ; c'est ce qu'on appelle donner à l'italienne , ou sans bourse délier.

2°. C'est qu'en tems de guerre, cette vie licentieuse a toujours été le prétexte spécieux de les pressurer fortement sans qu'ils puissent s'en plaindre; car il ne les oblige pas à ces contributions par des édits, ni par des ordres positifs; mais seulement par de fortes prières, auxquelles il n'est jamais libre de résister (5); et par ce moyen, doux en apparence, il en tire des sommes immenses sans les mécontenter. Si par hazard quelques-uns voulaient résister, il reste au sénat, le moyen infaillible de crier au scandale sur leur vie publique et privée, pour obtenir plus aisément du pape la suppression de leurs monastères et la vente de leurs biens à son profit, comme fit Clément IX pour ceux des Alga.

L'indulgence excessive du sénat pour le clergé, et sur-tout pour les moines, le met en état de soustraire la république au pouvoir papal, vu que les moines, sachant par expérience que nul pays ne leur procurerait une liberté aussi licentieuse, ils font peu de cas des ordres du pape ou de leur général, pourvu qu'ils conservent les bonnes graces de la république; aussi la cour de Rome a-t-elle dit qu'ils auraient besoin qu'on *leur raccourcit le capuchon*, expression proverbiale qui signifie infliger punition; mais elle se contente de le dire.

La république souffre des moines et des courtisannes, parce que ces deux classes savent s'enrichir, et que dans les besoins, ce sont des éponges

---

(5) *Præces erant, sed quibus, contradici non posset.* Tacit, hist. 4.

que l'on peut presser utilement ; autrefois c'était aux juifs à qui l'on donnait la préférence. Les modes changent !

RÉCAPITULATION.

Cet ordre fut établi en 1404 , par Antoine Corraro , et Gabriel Condolmero , nobles Vénitiens , sur les débris de celui du même nom , de l'ordre de Saint-Augustin ; sous le pontificat de Boniface IX , Louis Barbo , prieur de ce monastère , y étant resté seul avec deux frères laïcs , desirant y rétablir la régularité , étant persuadé de la vertu de Corraro et de ses compagnons , fut les trouver , leur offrit son église, son monastère, et les pria si instamment d'accepter son offre , qu'enfin ils acquiescèrent à sa demande, et furent demeurer avec lui. Il sollicita ensuite le pape pour qu'il les fit chanoines de cette église , dont ils prirent le nom , et dans laquelle ils furent installés par l'évêque de Kishame , à qui ce même pontife, par une bulle du 15 mars 1404 , donna commission de réformer le monastère , d'en changer le gouvernement , et d'y faire tout ce qu'il jugeroit à propos pour y rétablir l'observance régulière.

Cet évêque n'y ayant trouvé que Louis Barbo et deux frères laïcs , et ne voyant aucune apparence de réforme , jugea à propos d'ériger ce monastère en collégiale, qui serait desservie par des chanoines séculiers , qui vivraient en commun , suivant le premier dessein de Corraro et de ses compagnons , qu'il mit en possession de cette église , du consentement de Louis Barbo , à qui il laissa le titre de prieur sa vie durant.

Alors ils étaient dix-huit , tous dans les ordres sacrés ; (6) ce prélat leur donna toute la jurisdiction spirituelle et temporelle qui en dépendait ; il leur prescrivit des réglemens , tant pour leur manière de vivre que pour leur habillement, (7) laissant au prieur la liberté d'en faire d'autres dans le besoin , lui donnant également le pouvoir de recevoir des convers , dont le nombre ne serait point limité , (8) non plus que celui des chanoines , et que tous suivraient la vie commune , sans aucune propriété. Ils étaient alors libres de quitter la congrégation quand il leur plaisait, on leur donnait en s'en allant, une somme d'argent et un habit de prêtre.

Cet établissement fut approuvé et confirmé par bref de Grégoire XII, (9) du 27 juin 1407, par lequel il approuvait aussi les constitutions qui

---

(6) Leurs noms sont tout au long dans les annales de cet ordre, p. 19. Au 5. livre de la Mer Océane de Maurolico , *pag.* 341 ; et au *tome* 2 , du père Hélyot , *chap* 55 , *pag.* 358 , &c.

(7) C'est de cette liberté qu'est venu ce changement de costume , qui, de pauvres ermites , a fait des nobles vêtus de la veste ducale, car c'était la même forme.

(8) Ce nombre illimité de convers a bien servi leur vanité ; le relâchement les ayant transformés en valets aussi dissolus que les maîtres , ils ont suivis , sans répugnance , les mœurs de leurs tems , surtout dans un pays où les gens d'église sont libres de vivre comme il leur plaît, pourvu qu'ils ne pensent pas au gouvernement.

(9) Ange Corraro , oncle d'Antoine Corraro , fut élu pape le 30 novembre 1406 , sous le nom de Grégoire XII.

avaient été dressées par l'évêque de Kishame. Il fit aussi cardinaux ses neveux, Antoine Corraro et Gabriel Condolmero , qui fut pape 24 ans après. Il donna l'abbaye de Sainte-Justine de Padoue à Louis Barbo , qui la réforma avec l'aide de quelques chanoines de Saint-Georges in Alga.

Eugène IV , qui était ce Gabriel Condolmero , vit cet ordre, son ouvrage, avec complaisance; aussi lui accorda-t-il plusieurs priviléges , qui furent confirmés, même amplifiés par les papes ses successeurs, Nicolas V , Pie II , Paul II , Sixte IV , Innocent VIII , Alexandre VI , et Paul III , Pie V , l'an 1568 , le 17 décembre , par la bulle *lubricum vitæ genus eorum veriti , etc.* obligea ces chanoines à faire des vœux solemnels , en retenant toujours le nom de chanoines séculiers , afin d'avoir la préférence sur les autres réguliers.

Ils portaient une robe ou soutane blanche , et par-dessus, une robe à la vénitienne., de couleur bleue céleste ; lorsqu'ils quittèrent leur premier habit et leur capuce , ils lui substituèrent un chaperon qu'ils portèrent ensuite sur l'épaule , et prirent le bonnet quarré , aussi bleu. Cette couleur leur fut ordonnée par Clément VIII , comme étant selon les constitutions de cet ordre , et celle que Laurent Giustinien portait ; ainsi qu'il est marqué dans le bref de ce pape , *quæ ad religiosorum , du 22 août 1602.*

Leur blason était chargé d'un Saint-Georges tuant

un dragon, avec ces mots pour devise : *Super aspidem et basilicum ambulabis.* Vous marcherez sur l'aspic et le basilic, etc.

Leur vêtement est représenté, *planche n°. 2, fig. n°. 2.*

CONCLUSION.

Cet ordre fut plus de deux siècles un sujet de scandale, il finit par être un objet de convoitise, et ses vices nombreux ne furent que le prétexte de sa destruction; s'il eût été pauvre, on se fût moins écrié sur ses débauches, il existerait peut-être encore.

Ceux qui nous autorisent à le croire, sont :

1 Paul Morigia, *Hist. des Ordres relig. etc.*, *pages* 144, 154 et 451, *in-8°, Paris,* 1579.

2 Francis. Modius, *pag.* 215, *in-4°. minimo, Francf.,* 1585.

3 Paolo Morigia, *Historia dell' origine di tutte le religioni, etc., cap.* 43, *pag.* 282, *sino* 293, *in-12, Venetia,* 1586.

4 Rodolphus Hospinianus, *fol.* 260, *cap.* 47, *in-fol. Tiguri,* 1609.

5 Silvestro Maurolico, *Mare oceano di tutte le religioni del mondo, libro* 5, *pagine* 337 *et* 342, *in-4°, Messina,* 1613.

6 Gabrielis Pennotti, *Historia tripartita ordinis canonicorum regularium, cap.* 25, *pagina* 308, *n°* 5, *et cap.* 70, *n°* 6, *in-fol. Romæ,* 1624.

7 Eloge de la Folie, *in-12*, *Amsterdam*, 1728.

8 Odoardo Fialetti, *degli habiti delle Religioni con le armi, e breve descrizzioni loro, libro 1, pag. 23, in-4°, Venezia*, 1626.

9 Etienne Binet, *Abrégé des Vies des principaux Fondateurs, avec figures, pag.* 221 et 227, *in·4°, Anvers,* 1634.

10 Jac. Philippi Thomassini, *episcop. Amoniæ, Annales Canonicorum secularium Sancti Geor-gii in Alga, in-4°, Utini,* 1642.

11 Joseph Michiolis y Marquez, *thesoro militar y el thesoro de Religiones, fol.* 108, *in-fol., Ma-drid,* 1642.

12 Gio Pietro Crescenzio, *presidio Romano, etc. p.* 27, *in-fol., Piacenza,* 1648.

13 Fialetti, par Dufresne, *pag.* 4, *du discours Fran-çais, et la même du discours Italien, in-4°, Paris* 1658.

14 Claude du Molinet, *Habits des chanoines, p.* 93 et 96, *in-4°, Paris,* 1666.

15 Amelot de la Houssaye, *Histoire du gouverne-de Venise, tome* 1, *in-12, Amsterdam,* 1695.

16 Hermant, *Hist. de l'établissement des Ordres Religieux, etc., pag.* 280, *chap.* 51, *in* 12, *Rouen,* 1697, *prem. édit.*

17 Adrien Schoonbeek, *Hist. des Ordres Religieux, première division, pag.* 7, *in-8°, seconde édi-tion d'Amsterdam,* 1700.

18 Philippo Bonanni, *Catalogo degli ordini Reli-giosi, etc., espressi con imagini, e spiegati con*

una breve narrazione parte prima, pagina 8, *in*-4°, *Roma*, 1704.

19 Le Père Helyot, *Hist. des Ordres Monastiques*, etc., *tome* 2, *pag.* 356 *et* 364, *in*-4°, *Paris*, 1715.

20 Albrizzi, *della città Venezia*, *in*-8°, *Venezia*, 1740.

21 Erasme, *Eloge de la Folie*, 1752.

22 Dictionnaire d'Italie, *tome* 2, *au mot Venise*, *in*-8°, *Paris*, 1777.

23 J. Ch. Bar, *Recueil de tous les costumes des Ordres Monastiques Religieux et Militaires, de toutes les Nations, tome* 1, *in-fol.*, *fig. coloriées*, *Paris*, 1778.

Et les autres dont il est fait mention dans ce chapitre.

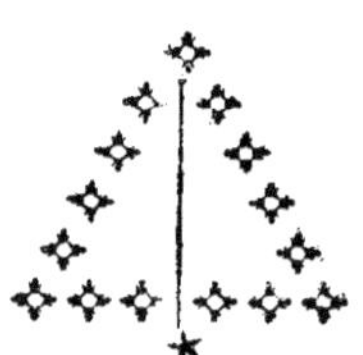

CHAPITRE II.

CHANOINES SÉCULIERS,

RÉFORMÉS DE S.-GEORGES IN ALGA, EN SICILE,

Fondés par Henri-Siméon, de Palerme, vers l'an 1434.

CES chanoines étaient persuadés que sous l'habit le plus grossier et le plus vil, on pouvait avoir l'âme la plus élevée (*a*), c'est pourquoi ils ont pris et conservé l'habit primitif de cet ordre ; mais ils n'en ont pas de même conservé les mœurs premières : ils se sont contentés d'indiquer leur réforme par le vêtement ; et par la suite leur manière de vivre ne répondait plus à la simplicité de leur costume ; car, quoiqu'ils ne différassent point des Vénitiens pour le genre de vie, ils n'ont point pris la robe à la vénitienne comme les autres.

Ceux - ci n'ont été établis, qu'environ trente ans après les Alga de Venise ; l'histoire ne nous dit point si le relâchement y était déjà introduit ; mais elle nous dit qu'ils prirent le premier habit de ces chanoines : donc les Vénitiens avaient déjà pris leur élégante robe, et conséquemment quitté les sandales ou socles de bois : peut-être cet ordre

---

(1) *Veste sub sartâ vides plerumque regios latere spiritus.*

ne doit-il son obscurité ou son peu de renommée, qu'à sa nullité en vertus et en vices ; car ces extrêmes font les réputations.

Leur fondateur fut à Rome en 1433; Eugène IV lui permit, de vive voix, de porter l'habit de Saint-Georges in Alga, ce qu'il exécuta. De retour en son pays, il assembla quelques prêtres et donna naissance à cette congrégation : le même pontife confirma, en 1437, la donation de l'Hôpital de Saint-Jacques de Mazzara à Palerme, et la même année, il approuva leurs constitutions, qui étaient les mêmes que celles des Vénitiens. Ils avaient encore quelques autres monastères, et vivaient dans la plus grande pauvreté.

Leur habit était une tunique courte et blanche, un manteau et un bonnet de drap bleu céleste, le tout d'étoffe très-grossière. Ils alloient pieds nuds avec des socles ou sandales de bois, attachées par une seule et large courroie de cuir; ce que nous représentons, d'après Fialetti, auteur italien (2), à la *planche* n° 2, *figure* n°. 1. Morigia, auteur du même pays, dit que de son tems, en 1604, il n'y avait pas long-tems que ceux de Venise ne faisaient

---

(2) « I Canonici azzurini di Sicilia osservando con più rigore il primo
» instituto della loro Religione hanno voluto anco nell' habito este-
» riore farsi diversi da quelli che habitano ne gli altri luoghi ; benche
» siano della istessa congregatione e regola portano la cappa di color
» azzuro, ma di grosso pano, la tonica bianca, ma povera e curta,
» in capo beretta azzura, ma all' heremitica, et ne i piedi zoccoli di
» legno : hanno in effetto la povertà, che dimostrano ne i vesti, ect. »

plus

plus porter de sandales de bois à leurs novices.

Cressenzio et Maurolico, compatriotes des précédens, font aussi mention de quelques chanoines de cet ordre, qui formaient une petite congrégation, dont le principal monastère était proche Gênes, et qui avaient encore des monastères à Lodi le vieux et le nouveau, et deux autres dans le Parmesan et le Plaisantin.

Le peu de ressemblance extérieure que l'on trouve dans les deux ordres, ferait croire qu'ils sont distincts; mais après mûr examen, toute la différence se réduit à l'habit seul ; car les mœurs n'étaient guere plus pures chez les réformés que chez les autres ; moins de moyens, peut-être, les rendaient moins scandaleux ; mais non moins vicieux : et Clément IX a trouvé moins difficile la dissolution totale de cet ordre, que sa restauration.

  » Interrogeant leurs goûts, consultant leurs humeurs,
  » La mollesse a changé les règles de leurs mœurs.

CONCLUSION.

Cet ordre inutile dans son origine, le fut encore pendant plus de deux siècles et demi, et ne laisse à la postérité aucun objet d'utilité ni de regret.

Pour s'en convaincre il faut avoir la patience de compulser,

Gio Pietro Cressenzio, *presidio romano, libro 2, pagina 28, in-fol. Piacenza*, 1648.

Francisco Maria. *Historia dos sagrados Congregaciones dos Conegos seculares de S - George em*

Tome I.   B

Alga de Veneta, et de S. Joao *evangelista em Portugal.*

Jac. Philippi Thomassini, *episcopi Amoniæ, annal. Canonicorum secul. St-Georgi in Alga*, in-4°, *Utini*, 1742.

Silvestro Maurolico, *Mare Oceano de tutte le Religioni*, *libro 5*, *pagina* 339, *sino* 342, *in-4°*, *carta granda*, *in Messina*, 1613.

Michiely, *thesor de Religiones, plana* 108, *in-fol. Madrid*, 1642.

Pennoius, *caput* 25 *à* 70, *in-fol.*, *Romæ*, 1624.

Rodolphus Hospinianus, *fol.* 260, *cap.* 47, *in-fol. Tiguri*, 1609.

Odoardo Fialetti, *pagina* 5, *in-4°*, *Parigi*, 1658;

Idem, *pagina* 52, *in-4°*, *Venezia*, 1626.

Morigia, *cap.* 43, *pagina* 282, *in-12*, *Venezia*, 1586.

Hermant, *chap.* 51 *pag.* 280, *in-12*, *Rouen*, 1697.

Schoonebeek, *sec. édit. d'Amsterdam, pag.* 8, *première division, in-8°*, 1700.

Le Père Helyot. *tome* 2, *pag.* 356 *et* 364, *in-4°*, *Paris*, 1715.

Et. J. Ch. Bar, *tome premier, in-fol.*, *Paris*, 1778.

CHAPITRE III.

FEUILLANTINES,

Religieuses instituées en 1588, à Montesquiou de Volvestre, par Dom Jean de la Barrierre (1), fondateur et réformateur des Feuillans.

CET ordre doit son existence au cerveau brûlé qui inventa les Feuillans. Il fut d'abord composé de femelles dégoûtées du monde, et séduites par le captieux fondateur. La belle Antoinette d'Orléans (2) vint, onze ans après, en augmenter le

(1) Voyez le chapitre des Feuillans, où nous faisons connaître ce cerveau creux.

(2) Antoinette d'Orléans, fille du duc de Longueville, et femme de Charles de Gondi, princesse belle et vertueuse; sa beauté, pourtant, tenait un peu de la forme moutonne. Quand à sa vertu, la postérité ne l'a pas encore absoute de l'assassinat qu'elle fit commettre pour venger la mort de son époux : jamais meurtre ne fut commis sous les auspices de la vertu ; cela ne pourrait se concilier ; on l'excuse à peine quand il est provoqué par,

» Ce désir orgueilleux, cette fureur de gloire,
» Que ne peut assouvir la plus belle victoire,
» Cette soif de l'honneur, par qui l'homme abusé,
» Prodigue de ses soins, se croit éternisé ».

la Fare.

Mais il est impardonnable quand c'est la vengeance, la faiblesse.

nombre, et sa retraite, en donnant un certain lustre à cet ordre naissant, dont Marguerite de Polastron de la Hilierre, était supérieure, y attira beaucoup de personnes de distinction : les femmes sont toutes de race un peu moutonne.

---

on pourrait même dire la lâcheté ; car il répugne à une âme noble et loyale de se servir d'un assassin.

Enfin, quel que soit le motif ou le sentiment qui le lui fit commettre, elle ne le consomma pas moins.

Comment eût-on traité une femme du peuple qui en eût fait autant ?

> Pour une telle perfidie,
>
> Elle eût, avec son assassin,
>
> Sur l'échaffaut perdu la vie.

Mais une princesse . . . . . peut elle ? . . . . . Je vous entends, les crimes n'étaient que pour le peuple . . . . . Voilà pourtant peuple bon, sensible, ces Grands orgueilleux qui vous méprisent : vous ne devez pas leur en vouloir, ils vous jugeaient d'après eux, et comme toutes leurs vertus étaient dans leurs parchemins, vous qui n'aviez et n'avez pas de parchemins, ne pouviez leur paraître vertueux ; mais prouvez-leur par votre conduite, et c'est la seule bonne manière, qu'

> Au lieu de parchemins, vous avez des vertus.

Elle fit périr deux individus : car le soldat qu'elle employa pour venger son mari, fut pendu, et malgré tout son crédit, elle ne put obtenir la grace de cet assassin. Cet échec lui donna tant de dégoût pour un monde où elle n'avait plus de pouvoir, qu'elle l'abandonna sans retour, pour se faire Feuillantine, et porta au pied des autels, un cœur encore tout plein des vanités mondaines.

> Et l'on ose pourtant, grand Dieu !
>
> Te faire de telles offrandes.

Elle fit profession en 1599, et en 1618, elle mourut en odeur de sainteté.

Voyez crédules gens, quels Saints vous honorez !

Puis de ce nombre fut une jeune et belle veuve qui (3), à vingt-deux ans, ayant déjà perdu deux maris, résolut, pour n'en plus courir les risques, de se faire religieuse.

> D'hymen, du triste hymen, enfin désabusée,
> Le cloître nous convie à calmer la pensée ;
> Mais s'abusant encor sur les besoins du cœur,
> On pense y recouvrer ce qui fait le bonheur......
> On croit, quand les amours nous rendent malheureuses,
> Qu'on ne le sera plus étant religieuses.
> Hélas ! grand Dieu ! . . . . . Qu'elle profonde erreur !

Cette aimable veuve fut à Paris la première supérieure de cette nouvelle institution, que le pâtre (4) du Montalte avait approuvé en 1586.

---

(3) Cette dame s'appelait dans le monde Marguerite de la Clausse de Marchaumond ; veuve pour la seconde fois, à l'âge de 22 ans, elle prit un si grand dégoût pour le monde, qu'elle éconduisit beaucoup de seigneurs de la cour, qui voulaient la faire rentrer sous le joug de l'hymen ; elle feignit de ne s'en pas éloigner, et s'éclipsa un beau jour, sous prétexte d'un pélérinage : ce fut là l'instant qu'elle prit pour faire sa profession ; elle avait alors 26 ans ; elle mourut dans la nouvelle maison de Paris dont elle était supérieure.

> Une conduite telle,
> Est bien ce qu'on appelle ,
> Dans le plus franc patoi ,
> Ne vivre que pour soi.

(4) Voltaire, parlant de Sixte V, a dit, parce qu'il avait été gardeur de pourceaux avant que d'être Cordelier,

» Le pâtre de Montalte est le rival des rois.

De Cordelier, il devint cardinal, et la ruse le fit pape. Nous avons vu un tableau peint en Italie, et par un Italien contemporain ,

Quoique l'on n'eut épargné ni soins ni peine pour avoir des Feuillantines à Paris, les rusés moines s'étaient toujours tenus sur la négative; et ils y seraient vraisemblablement restés, si l'on n'eût fait naître la fantaisie à la reine, femme de Louis XIII, d'en avoir absolument : alors, les moines ne pouvant plus éluder, firent cadeau de six de leurs religieuses de Toulouse, qui se mirent en route le 3o juillet 1622.

Arrivées à Paris, elles occupèrent le monastère qui leur avait été préparé au faubourg St-Jacques. Ce fut là que madame la Clausse de Marchaumond fut élue supérieure, après vingt ans de profession; elle avoit alors 46 ans; elle se nommait donc Marguerite de Sainte-Marie.

Ces religieuses suivent la règle des Feuillans, et relèvent immédiatement d'eux. L'extravagance du fondateur était si grande, que sa règle fut impraticable pour tous les individus qui ne voulurent pas trouver leur tombeau dans le cloître. Ces incroyables austérités forcèrent Clément VIII d'ordonner, en 1595, au chapitre général d'en modérer la rigueur. Ces ordres furent exécutés. Le genre de vie que les Feuillans et les Feuillantines pratiquaient, était

qui représentait ce pape avec trois visages; le premier d'un vieillard décrépit, le second d'un homme vigoureux, et le troisième d'un jeune homme furieux. Au bas de ce triple portrait, étaient, sous les trois têtes, et dans l'ordre suivant, une tête de renard, une de lion et une de chien enragé. Le peintre donnait à entendre par là, qu'il était parvenu au Saint-Siége comme un renard, qu'il y avait vécu comme un lion, et qu'il y était mort comme un chien enragé.

(23)

si fort au-dessus des forces humaines, que quatorze
de ces victimes du fanatisme monacal, périrent dans
une seule semaine. Cette trop grande austérité avait
cependant déjà fait fuir plus de deux cents novices,
qui n'étaient pas assez folles pour vouloir y périr.
Malgré cette énorme émigration, elles étaient encore cinquante professes en 1602, c'est-à-dire,
quatorze ans après leur fondation.

L'habit de ces religieuses consiste en une robe
blanche, dont les manches sont très-amples et tombent sur les poignets, une ceinture de même étoffe
et couleur de la robe, une guimpe, un bandeau
de toile blanche, et un voile noir qui descend jusqu'à la moitié des bras. La chaussure est de laine
avec des socles ou sandales de bois, attachés par
une seule courroie de cuir ; le costume est le même
au chœur, aux cérémonies et dans la maison. *Voyez
figure* n° 3, *planche* n°. 2, que nous avons imité
de Bonanni, Hélyot et Bar.

RÉCAPITULATION.

Cet ordre a pris naissance en 1588, à Montesquiou, au ci-devant diocèse de Rieux, aujourd'hui
département de la Haute-Garonne ; il n'a été introduit à Paris que 14 ans après, par les intrigues des
amateurs de nouveautés, qui ne pouvant réussir, ont
fait intervenir la reine ; qui, comme Almaviva, de Fi-
garo, a dit : je veux, et cela sera, et a cru que c'était sa
volonté. Il a été supprimé à la révolution avec les
autres, et a rendu à la société des êtres qui n'au-

vaient jamais dû la quitter ; mais qui , quoique réintégrés , sont , pour la plupart , perdus pour elle , à cause de leurs habitudes claustrales qui les rendent étrangères , même au sein de leurs familles.

CONCLUSION.

Cet ordre fut , comme presque tous les autres , l'asile des préjugés les plus puériles , de l'ignorance la plus complette, de la vanité la plus présomptueuse , sous le voile de l'humilité chrétienne , et par-dessus tout , un de ceux dont l'inutilité ne peut être révoquée en doute.

Toutes les mortifications outrées que les victimes d'un faux zèle y pratiquaient , ne purent jamais servir à rien pour la chose publique , même en supposant la plus sévère exactitude dans l'exécution ; car l'Etre Suprême ne nous a pas donné la santé pour la détruire par des jeûnes et des macérations extravagantes , ou une complexion délicate , pour la rendre encore pire.

La volonté du créateur se manifeste assez dans l'admirable harmonie avec laquelle tout se meut sur le globe et dans les élémens ; chacun y suit sa destination , aucun être n'y agit en sens inverse , excepté l'homme.

Qu'en doit-on conclure , sinon ,
Que l'homme a le moins de raison.

Nos autorités sont :

Mémoires communiqués par un Religieux de l'Ordre. Bonanni , Hélyot , Maurolico , Morigia , Michiely , Hermant , Schoonebeek et Bar. etc. etc.

CHAPITRE IV.

FRERES DE SAINT-JOSEPH,

Dont on ne connaît ni le fondateur, ni le lieu, ni le tems de leur existence.

ENCORE une invention monacale ! ordre ou confrairie, le choix du patron, la célèbre. bonhommie dont l'église (1) lui a fait la réputation, durent le rendre très-considérable : tous les maris débonnaires ont dû faire foule pour y être affiliés, et les femmes, de leur côté, ne manquèrent pas, sans doute, de le protéger. Pouvait-on prendre un meilleur modèle ? bon, pacifique (2) ce fut un excellent époux.

> » Il s'appellait *Joseph*, on la nommait *Marie*,
> » Lui déjà vieux barbon, elle jeune et jolie ».
>
> *la Fontaine.*

Il admirait les charmes de sa chère moitié, qui, par parenthèse, et soit dit sans malice, n'étaient pourtant pas à son usage ; car il lui suffisait de l'aimer de l'amour platonique (3) : c'est assez souvent

(1) On peut dire l'église, car l'histoire le montre plus jaloux que débonnaire.

(2) Voyez les notes 4, *pag.* 17 ; et 6, pag. 29.

(3) C'est une très-ancienne façon de faire l'amour, qui eut quel-

la ressource de ceux qui n'en ont point, ou qui les ont toutes épuisées, tandis qu'elle, dans cet âge heureux où les sens ont tant d'empire, pensait souvent, et lui disait même quelquefois,

» Partout, l'amour s'offre à vos yeux :
» L'amour règne par-tout ; le monde est son empire :
» C'est un vaste tableau qu'il peut seul animer ;
» Sans l'amour tout est mort, mais par lui tout respire ;
» Tout aime autour de vous, et tout vous dit d'aimer ;
    » Moi seule n'ôse vous le dire.

Desmoutier.

Le vieux Joseph, sans perdre de son calme, répondait froidement à sa brune moitié, c'est une erreur de croire que,

» Pour être heureux il faut sentir ;
» Si les sens nous donnent la vie,
» Le sentiment nous donne le plaisir.
» L'amour n'est qu'une frénésie
   » Qui s'éteint avec le desir ;
» Le vrai bonheur est bien moins de jouir,
   » Que d'aimer toujours son amie.

Idem.

---

que succès en Italie, mais qui n'a jamais pu réussir en France ; elle est toute contraire à celle dont Tarquin usa près de Lucrèce ; car elle consiste à aimer sans aucun desir sensuel ; et le philosophe Platon, qui en est l'auteur, brillait à Athènes au quatrième siècle avant Jesus-Christ. C'est de cette manière que le charmant et extravagant Pétrarque fit volontairement sa cour à la belle Laure, au lieu que l'ardent et malheureux Abeilard fut forcé par Fulbert de finir ainsi près de sa tendre Heloise.

Abraham, Loth, la Putiphar, les vieillards de Susanne, Holopherne et la brune Marie, n'étaient point partisans de l'amour platonique.

Ce froid langage , heureux fruit d'une longue expérience , sent excessivement le barbon ; l'on assure
que Gabriel lui chantait bien une autre game ,
et Gabriel réussit ; mais l'heureux Gabriel était un
envoyé du Ciel ! Quoi qu'il en soit , notre époux
ajoutait , toujours sur le même ton , vous devez connaître mes sentimens , vous ne pouvez douter que
je vous aime de la plus durable et de la plus tendre
amitié ;

> » L'amitié seule véritable
> » Est l'histoire de notre cœur ,
> » Et l'amour n'en est que la fable.

Desmoutier.

Le personnage n'aimait pas la fable ; cependant
son ridicule hymen ne fut rien autre chose : un
barbon impuissant a beau sans cesse protester de
sa tendresse , sa jeune moitié ne peut en être satis-
faite : avec ces beaux sentimens seuls , que deviendrait le monde ? mais le destin y avait pourvu : le
Gabriel (4) , sans y faire sa résidence , fréquentait le
petit ménage , et même assez souvent , toujours pour
la forme , nouveaux prétextes ; tantôt c'est un mes-

---

(4) Selon l'Eglise Romaine , Gabriel est l'ange par excellence qui
fut chargé d'annoncer à la Vierge Marie le mystère de l'inconce-
vable incarnation , base de la religion des chrétiens ; mais , selon l'histoire , ce fameux personnage n'eut rien de céleste , il ne fut qu'un
égrillard , nommé Panthère , soldat de son métier , et qui en con-
tait à l'épouse du bon Joseph : celui-ci voyant que , malgré son
exacte et très-exacte continence , sa chère moitié qui , ne s'accom-

sage , une autrefois, c'était un avis , puis c'est pour un bâtiment qu'il fallait quelqu'ouvrage. Enfin ,

> Toujours le maroufle , si bien savait s'y prendre ,
> Qu'il pouvait s'arranger à toujours entreprendre.

Mais , comme dit Basile , tant va la cruche à l'eau , qu'à la fin elle s'emplit (1).

Pour les paisibles époux , voilà , ce nous semble , un modèle excellent à suivre ; au surplus , si l'ordre est éteint , si son patron n'existe plus parmi les

modant pas de ce régime peu conforme aux loix de l'hymen , s'apprêtait à lui donner un héritier , la chassa.

> » Le chien du jardinier
> » Ne mange point de raves ;
> » Mais empêche d'en manger.

Telle est l'origine réelle de la fuite en Egypte ; car ce fut là , l'asile où le soldat Iduméen (a) conduisit la brune Marie ; elle y donna le jour à son fils , fruit de ses amours militaires , et ne revint voir la Judée que lorsqu'il eut appris des Egyptiens l'art des prestiges.

Ceci détruit un peu tout l'échafaudage des prêtres , qui font venir des patrouilles d'anges , formant des concerts tout le long de la route, pour amuser le petit Jesus qui n'était pas encore né ; mais on sait que la sainte Eglise romaine n'a jamais été à cela près d'un anachronisme (b) pour établir ou mettre en vogue un miracle.

____

(a) *Iduméen , qui est de l'Idumée , pays plein de montagnes , placé entre la Judée , l'Egypte et l'Arabie-Pétrée : c'était autrefois une petite partie de l'Asie. La principale de ses montagnes se nommait Séir , et le séparait de la Judée.*

Ce nom , Idumée , est d'origine hébraïque ; il vient de אדום *Edom , surnom d'Esaü , qui l'habita et qui était roux. Ce mot signifie rouge , roux. Les Grecs en ont fait le nom Idume.*

(b) *C'est le nom qui désigne la faute contre l'ordre des tems , qui place un événement plutôt qu'il n'est arrivé.*

(1) *Voyez la note 4 , pag.* 27.

humains, c'est du haut du Ciel qu'il maintient toujours ses principes en vigueur; (5); car,

> Chez le chrétien, chez le payen,
> Le bon Joseph, le laid Vulcain,
> Sont encor les patrons des époux débonnaires (6).

Sur l'ordre et son patron, c'en est assez; passons
aux moines.

L'histoire n'a pas pris la peine d'en parler; mais
quelques frocarts, plus fanatiques que savans, ont
assez pésamment écrit sur leur existence, et toute
leur éloquence se borne à nous dépeindre l'habit
ample et commode de ces favoris des cieux; croyant
peut-être que cette société ne devait finir qu'avec
le monde, ils n'ont pas cru nécessaire d'en tracer
l'histoire.

Cet habit consiste en une robe ample, à longues

---

(5) La chute de l'ordre n'a pas amené celle de la grande confrairie, qui semble s'accroître de jour en jour; mais patience, les
mœurs sévères des vrais républicains vont lui donner le coup mortel;

> Car nos femmes fraîches et belles,
> Seront encor toutes fidelles.

Dans la France heureuse, on ne craindra plus en ménage, les céli-
bataires riches et voluptueux, les abbés corrompus et corrupteurs,
l'épais financier, l'élégant militaire, le vaporeux robin, le sémillant,
l'éblouissant grand seigneur; tous ces êtres factices sont rentrés dans
le néant, d'où ils n'auraient jamais dû sortir.

(6) Cependant nous lui devons justice, et l'histoire nous apprend
qu'il ne fut débonnaire, que tant qu'il crut n'avoir pas à se plaindre;
mais dès qu'il fut certain que sa divine moitié lui avait donné un
adjoint, il ne garda plus de mesure, et cette fameuse fuite en Egypte
ne fut que l'effet de l'éclat qu'il fit.

et larges manches , d'une étoffe gris cendré , d'une mozette ou camail avec son capuce , en drap blanc , couvrant la poitrine et le haut des bras , puis descendant vers le milieu du dos. La chevelure en couronne cléricale , et la barbe longue , telle que la *figure* n°. 4 , *planche* n°. 2.

CONCLUSION.

Le silence de l'histoire ne peut être en faveur de cet ordre ; il nous laisse ignorer s'il eût des vertus , et ne peut nous empêcher de présumer qu'il ait eu des vices. S'il fut utile , il n'en reste aucun vestige , et l'oubli où la postérité a plongé son existence , n'est qu'une preuve de son invariable équité ; car en effet ,

C'est pour lui , pour lui seul , qu'un moine existe et meurt ,
Sans parens , sans amis , sa nullité complette ,
Fait qu'en son couvent même aucun ne le regrette.

Nous avons consulté principalement

Phylon , Josephe , l'historien Celse , Origènes, Freret , Boulanger , Abraham Bruin , Michyel Colyn , Ammanus , Modius , Hospinianus , Schoonebeek , Frank , Crecellius , Hélyot et Bar.

CHAPITRE V.

ENTERREURS DE MORTS,
A VENISE,

Dont l'origine paraît très-ancienne, mais dont on ne connait ni l'instituteur, ni l'époque de la fondation.

L'ÉTABLISSEMENT de ces enterreurs à Venise semble être très-ancien, car les auteurs du seizième siècle n'en parlent pas comme d'une chose nouvelle. Cette espèce de corporation ne paraît pas avoir jamais été astreinte à aucuns statuts. On ne connaît de relatif à eux, que leurs fonctions et leur costume : on sait aussi qu'ils ne se livraient à ce genre de service que par ordre des supérieurs (1).

« (1) *In urbe Veniciarum nonnulli à Superioribus eliguntur, quo-*
» *rum munus est non modò mortuos vestire, sed eos etiam ad Ecclesiam*
» *deferre et sepellire* ». Veccellio.

« Nella città di Venezia sono alcune personne deputate da' Su-
» periori a vestire et portare alla sepoltura i morti, e far in questo
» tutto quello è necessario. » *Veccellio, pagina* 138, *libro primo.*

TRADUCTION.

Il y a à Venise des personnes députées par les supérieurs, pour ensevelir et porter les morts à la sépulture, et faire en cela tout ce qui est nécessaire.

Cette utile portion de la république, ne semble être autre chose que ce que sont nos fossayeurs, excepté qu'ils sont vêtus d'une manière uniforme et analogue à leurs lugubres fonctions (2).

Si, pour les funérailles, nous avions, au lieu de ministres des cultes, des enterreurs civils, l'égalité serait mieux établie, car ils consacreraient indistinctement leurs soins à tous les individus, sans acceptation de secte, et cela ne préjudicierait en rien aux cérémonies religieuses que chacun voudrait pratiquer dans l'intérieur de sa maison, relativement à son culte.

L'habit de ces lugubres personnages consiste en un manteau sans manches, assez long, ouvert par devant et sur les côtés pour y passer les bras; un vêtement de dessous, qui leur descend à mi-jambes; leur coëffure est un bonnet de laine ; mais qui, quoiqu'ils soient membres d'une république, n'est assurément pas le bonnet de la liberté. Enfin, tout leur costume, sans en excepter les bas et les souliers, est de couleur roux-brun clair. Voyez à la *figure* n° 1, *planche* n° 3, que nous avons copiée d'après César Veccellio, et Jacques Charles Bar.

---

(2) *» Horum habitus est quædam oblunga palla ab anteriori parte, » et hinc inde ad brachia adaperta veneti coloris : interior vestis usque » ad dimidia decidit crura ejusdem coloris, sicuti etiam capitium, tibia-» lia, et calcei.* Idem. Veccellio, pagina *138*.

L'article du vêtement, dans ce chapitre, n'est que la traduction de cette note.

Comme

Comme cet ordre n'est pas brillant, qu'il n'est qu'utile, les écrivains n'ont pas prodigué leur plume à lui donner de la célébrité : le règne de l'utilité générale ne fait que commencer.

La pompe funèbre semble être dans la nature.

Rien ne touche autant que le tableau des derniers devoirs que l'on rend à ce qui a été cher pendant la vie.

N'est-il pas assez cruel d'être séparés pour toujours ! sans être encore privé de la douce consolation de pouvoir ériger, à l'objet de notre douleur, un monument ? Ce n'est que dans cette vue que les mausolés furent élevés ; mais la cupidité des prêtres de toutes les religions a réveillé l'orgueil à peine assoupi, pour tirer un parti plus lucratif de ce sentiment vertueux.

La tendresse conjugale d'Artemise inventa le premier mausolée, qui porta le nom de son époux : l'orgueil, ensuite, en consacra l'usage, et le sacerdoce n'épargna rien pour en faire son profit.

> Dans tous les tems, comme dans tous les lieux,
> Le prêtre fut, avare, ambitieux.

C'est ce qui a donné lieu à cette loi rigoureusement répressive sur les funérailles et les sépultures, qui, tout en nous ramenant à l'égalité naturelle, a pourtant blessé trop profondément les cœurs sensibles.

Peut-on nier que la tombe d'un père vertueux n'ait plus d'une fois fait rougir un fils égaré, mais honnête et sensible? Et la fille honnête , mais faible , peut-elle soutenir l'aspect du tombeau de sa mère respectable , sans se reprocher et souvent abjurer son erreur ?

Hélas ! à présent, où irons-nous trouver les froides dépouilles de nos auteurs, de nos amis ? Tout rentre dans le néant en sortant de l'asyle de douleur où nous avons vu périr la vertu , le mérite , le tendre amour !

Ne pouvait-on pas simplifier ces marques de respect pour les morts , au point que le plus indigent pût en avoir la consolation ?

Une simple pierre tumulaire (3), avec la date et le nom seulement , eût contenté les cœurs sensibles ; il est des caractères sur lesquels ces signes sont puissans.

Ce ne serait plus ces mausolées orgueilleux qui semblaient dire à l'œil observateur , vois............ contemple......... qu'elle distance immense......... il existe entre nous !

Non , la sainte égalité ne le permet pas ; mais elle ne craint pas que le malheureux , qui survit à l'objet de ses regrets , aille effeuiller quelques fleurs sur la tombe qui renferme ce qu'il eût de plus cher ; c'est-là , le trésor de l'avare , il n'y touche point , mais il ne peut vivre sans le visiter.

Que ne sommes nous hélas ! assez heureux pour

---

(3) *Tumulaire*, qui concerne les tombeaux, mot formé du latin, *Tumulus*, que Virgile a employé pour désigner un *tombeau*.

avoir nos champs éliséens (4)! la vertu irait y jouir du repos, après avoir payé le tribut à la nature. Là, seraient les épouses fidelles, les mères tendres, les victimes ou les héros de l'amitié, les citoyens paisibles et vertueux, et sur-tout l'amour sacré de la patrie! le négociant probe, le magistrat intègre, le militaire français (5), le savant et l'artiste, qui n'au-

----

(4) Les boulevards pourraient utilement servir à ce pieux devoir; on prescrirait provisoirement des heures pour les inhumations, afin de ne pas troubler l'harmonie publique, en attristant, par un appareil funèbre, les citoyens épars dans cette promenade. Cette mesure serait, en attendant que nous ayons l'âme assez forte, et d'assez bonnes loix en vigueur, pour que les vivans n'ayent plus à perdre physiquement à la mort de leurs alliés; c'est-à-dire, que la crainte de l'indigence ne vienne plus se joindre à la douleur de la perte d'un père, d'un mari; le luxe excessif et le despotisme détruits, la misère doit fuir pour jamais d'une république sagement gouvernée, et dans laquelle on ne pourra plus voir de ces fortunes scandaleuses.

Les espaces d'entre les arbres seraient consacrés à cet usage; cela ne gênerait en rien la voie publique, et la terre ne pourrait que produire de plus beaux arbres. Les exhalaisons ne seraient pas à craindre sur un sol aussi aéré; au surplus, on emploierait surabondamment tous les moyens que donne la physique, pour préserver les vivans de la contagion des morts. Chacun pourrait, en passant, jetter un coup d'œil religieux sur le dépôt précieux qui l'intéresse; on ne serait pas obligé, comme sous le régime des prêtres, d'aller dans des cimetières lugubres et mal-sains, pleurer les morts aux jours marqués par le despote de Rome; mais on verrait, à chaque instant de la vie, les restes de ce que l'on eût de plus cher, dans un lieu agréable et sain, l'on s'y trouverait sans préparation et sans répugnance, et les cœurs insensibles ne pourraient y faire attention; chez eux tout devient habitude.

(5) Nous croyons que la conduite vraiment héroïque des soldats français républicains, nous met à l'abri du soupçon de les aduler, en les citant pour modèles à tous les militaires du globe.

raient pas déshonorés leur vie par les basses rivalités qu'enfante la jalousie, enfin, tous ceux dont la mémoire serait chère à juste titre.

Les êtres obscurs (6) seraient proscrits de ces lieux destinés à faire la promenade des beaux jours ; ils seraient relégués sur les grandes routes, pour être plaints des voyageurs, jaloux de ne pas les imiter.

Les scélérats, les traîtres à la patrie, n'auraient pas l'honneur de la sépulture ; leurs corps, brûlés après leur mort, seraient le jouet des vents.

Nos officiers funèbres ne seraient point vêtus de couleurs lugubres ; la douleur est assez grande quand on perd une épouse ! un ami ! un enfant ! il il est inutile de l'accroître encore ; il faut, au contraire, nous familiariser avec l'idée de notre passage de cette vie à l'autre ; il faut faire ensorte que cette transition puisse un jour n'avoir rien d'effrayant pour des âmes vraiment républicaines.

---

(6) Ce n'est pas la naissance qui fait l'obscurité. Les grands hommes sont plus que nobles ; ils sont grands !

» Ils sont tout par eux-même, et rien par leurs ayeux.

La noblesse, fille de l'orgueil, est de l'invention des hommes ; le génie vient du ciel.

Si Turenne eût été fils d'un cordonnier, il n'en eût pas moins été un grand homme. Ce n'est pas son nom, sa naissance ni son éducation qui lui ont donné sa modération, sa valeur, son mérite enfin.

La culture perfectionne ; mais elle ne crée point.

D'une poule on ne peut faire un épervier, ni d'un vautour une colombe.

A G E R   S O M N I.

Devrait être la seule épigraphe (7) de nos cimetières ; et comme le peuple n'entends pas la langue des Romains, on y mettrait le mot à mot en langue vulgaire dans presque toutes celles vivantes , sans perdre de son laconisme (8).

C H A M P   D U   S O M M E I L.

Pour ne plus effrayer les enfans , les femmes et les ames faibles , on substituerait à ces têtes de mort , ces ossemens, ces squelettes qui garnissent nos lieux mortuaires, l'image du sommeil, cette allégorie vaudrait bien tout ce que l'usage avait adopté pour exprimer la mort.

Les prêtres ont toujours eu leurs raisons pour la rendre terrible , et nous avons les nôtres pour la peindre telle qu'elle est.

Il en résulterait que , n'ayant plus une idée noire

---

(7) Vient du grec, επιγραφη, épigraphé ; ce mot est composé de la préposition επι, épi, dessus, et de γραφειν, graphéin, j'écris. C'est le nom qu'on donne à une courte inscription que l'on grave sur une pierre d'un bâtiment, ou d'un édifice public , pour en indiquer la date ou l'usage ; c'est aussi une courte sentence que l'on met à la première page d'un livre, ou un passage d'un auteur connu, qui est relatif au sujet qu'on y traite.

(8) Ce mot vient de Lacon , l'un des noms des Lacédémoniens, qui s'exprimaient d'une manière courte, vive et sententieuse. On dit qu'un homme est laconique, ou qu'il a le style laconique, quand il a le talent de parler ou d'écrire comme les Lacédémoniens.

do notre dissolution , la mort nous deviendrait plus
familière , et ne serait plus un objet de crainte ;
car il n'y a que les terreurs , que les prêtres étaient
intéressés à répandre sur la cessation de notre existence , qui nous faisaient envisager nos derniers instans avec frayeur ; mais une fois bien persuadés de
la futilité de ces épouvantails , dont l'église romaine
a si bien su tirer parti , nous verrons avec calme
les derniers momens de notre vie ; un prêtre avare
ne viendra plus s'emparer de notre imagination,
troublée par la maladie , pour mettre à profit notre
dernière heure ; enfin , les mourans n'enrichiront
plus l'église aux dépens de leur famille , et le culte
ne sera plus un commerce.

Nous finirons ce chapitre par une observation sur
cette sentence chrétienne : « *Malheur à ceux qui*
» *accommodent la religion à leur intérêt , au lieu*
» *d'accommoder leur intérêt à la religion.* » Ce passage qui est des prêtres , est tout-à-fait contre eux ;
les prêtres ont toujours eu pour maxime générale,
de condamner dans les autres , ce qu'eux-mêmes
faisaient journellement ; car , personne , mieux que
les prêtres , n'a su , et ne sait encore , faire plier la
religion à leur besoin : leur *intérêt seul* a toujours
été leur première divinité : ils n'ont cessés d'effrayer
les pécheurs pour les mettre à contribution.

Toujours leur Dieu fut un Dieu fulminant.

Cette image porte-t-elle le désespoir dans une
ame ébranlée , on change de batterie , crainte de

n'en pouvoir plus tirer le parti qu'on se propose;
on lui peint alors l'étendue de la miséricorde divine;
on lui dit,

» Il est avec le ciel des accommodemens.
Moliere.

Si la dupe goûte cette morale commode et jésui-
tique, on redouble de soins, et,

Dès que l'espoir se replace en son âme,
Dès qu'on parvient à calmer son esprit;
Sa bourse alors efface son délit.

C'est par une suite du même manége que, chez
les chrétiens, le pauvre, à son enterrement, n'a
qu'un Dieu de bois, que le riche dédaigne; ce
riche, pour se distinguer, en veut un d'argent; il
le paye au poids de l'or! L'avarice des prêtres a
mis à contribution, à toutes les époques de la vie,
la vanité humaine : tentures, ornemens, son de
cloches, luminaire, oraisons funèbres, sépultures
séparées, mausolés, dont la place se vend cher!
Voilà quelques parties des branches de l'industrie
sacerdotale; qui mieux que les prêtres a jamais su
les faire valoir! ils ont feint d'ignorer que tout
mort est l'égal d'un autre mort, et qu'on peut
mettre sur sa tombe,

» Ici tous sont égaux, je ne te dois plus rien;
» Je suis sur mon fumier, comme toi sur le tien.

CONCLUSION.

Cet ordre utile ne jouit pas d'une grande consi-

dération dans une république qui n'en a que le nom,
et où l'on ne fait cas que de la noblesse, et où la
noblesse croit qu'elle est dispensée par sa naissance,
d'être utile à d'autres qu'à ses égaux.

Nos auteurs sont :

César Veccellio, *habiti antichi e moderni di tutte le
nationi del mondo*, etc.....

Sansovino, *historia di Venetia*, etc.

*Quatre ou cinq autres Histoires de Venise, tant en
latin, italien, que français, où il est traité au
long de cette superbe ville.*

Et J. Ch. Bar, *Recueil de tous les costumes monastiques, religieux et militaires de toutes les
Nations ; figures coloriées. Paris, 1778 et suiv. ;
cinq vol. in-fol.*

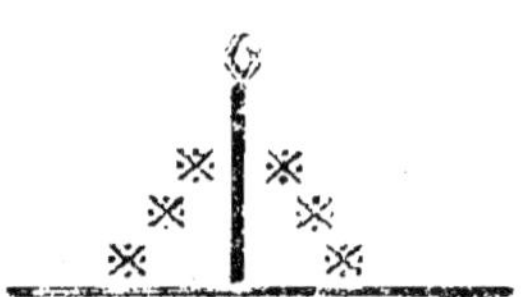

CHAPITRE VI.

CHANOINES (1) RÉGULIERS

DE LA VALLÉE DE JOSAPHAT,

(2) *Dont on ignore l'époque positive de l'établissement.*

ON prétend que cet ordre fut institué par une religieuse, dans la vallée de Josaphat; mais le tems de cette fondation est incertain (3).

(1) Dans l'origine, le mot chanoine désignait un individu religieux, vivant selon les canons (*a*) de l'Eglise romaine ; mais depuis, cette désignation se rapportait à un ecclésiastique privilégié, assez souvent gros et gras, qui, avec un ample revenu, n'avait pour tout travail, que la peine de digérer et de vivre pour être uniquement occupé de ses plaisirs.

Jadis un chanoine était vêtu de laine grossière, et ne portait d'autre linge que son rochet, son collet et le bout de ses manches : tout son extérieur se ressentait de cette pauvreté évangélique, dont son moral et son esprit n'étaient pas toujours exempts.

Depuis, un chanoine était bien encore vêtu de laine ; mais de la manière la plus élégante et la plus recherchée ; les sybarites les plus rafinés, eussent cédé le pas à messieurs les chanoines : linge fin , parfums exquis , vêtemens à la monde , langage apprêté et choisi , enfin tout ce que la bonne compagnie a de plus agréable , était de leur ressort : leur extérieur s'accordait parfaitement avec leurs mœurs ,

(*a*) *On entend par canon, en langage ecclésiastique, les loix et règles faites par les conciles, qui étaient pour le spirituel, ce que nos assemblées nationales sont pour le temporel.*

Nos auteurs ne disent pas si cette religieuse prit le voile par dépit, ou si, victime d'un hymen mal assorti, elle profita du veuvage pour prendre le parti du cloître. Quoi qu'il en soit, elle tourna ses regards vers les femmes malheureuses en ménage, au sort desquelles elle s'intéressa vivement en fondant cet ordre.

Elle constitua ces chanoines juges des causes matrimoniales (4) et de tout ce qui y est relatif : elle avait sans doute éprouvé que,

> » La plus rare beauté, tant fût-elle accomplie,
> » Voit ses attraits sans force *après* le premier jour :
> » Qui commandait hier, *après* la noce prie,
> » Car toujours lit d'hymen fut un tombeau d'amour.

Gilbert.

---

pour prouver, jusqu'à l'évidence, qu'ils étaient plus familiers avec Ovide, quand à la pratique, qu'avec les canons de l'Eglise ; car ils n'étaient plus tous ignorans comme dans les beaux jours du christianisme. Le Virgile français, le critique de Suger, l'astronome de la Congrégation de France à Paris, et beaucoup d'autres, très-connus, le prouvent clairement.

On verra toujours avec plaisir leur portrait d'après nature, que Boileau, d'une main savante, traça dans son lutrin, avec les pinceaux de la vérité.

(2) On prétend que quelques Français, du nombre des croisés, voulant fuir ou se délasser des travaux de la guerre, se firent chanoines, et choisirent, dans la vallée de Josaphat, le champ ou jardin de Gethsémani, où le Christ pria, qui est situé entre la montagne de Sion et le mont des Olives, passé le torrent de Cédron, qui la partage par le milieu.

(3) On présume que ce fut au tems des croisades.

(4) Quel beau rôle pour des moines ! Car dans ces tems-là, moines ou chanoines n'étaient pas distincts comme depuis ; ils ont

Elle leur donna un habit majestueux et commode, elle paraît les avoir mis hors de besoin, pour les garantir de séductions, et rendre par-là leurs jugemens plus profitables à ceux qui auraient recours à leur sagesse.

Cette fameuse vallée, qui doit jouer un si grand rôle au dernier jugement, fut le lieu où la fondatrice construisit une église en l'honneur de l'agonie du Christ, elle y fonda un collége de chanoines, pourvut à leurs besoins, et leur prescrivit des devoirs.

L'habit de ces chanoines est une très - ample coule (5), dont les manches larges et longues cachant les mains, tombaient vers le milieu des jambes, un camail avec son capuchon, le tout rouge. A la couleur près, cet habit ressemblait un peu à celui des Bénédictins. Leurs cheveux étaient coupés en couronne cléricale, et ils portaient la barbe, selon l'usage oriental. Voyez la *figure* n° 2, *planche* n° 3, que nous avons imitée des auteurs cités à la fin de ce chapitre.

CONCLUSION.

Ces chanoines juges furent établis dans la Palestine,

---

précédés nos robes rouges des parlemens, et comme eux, ont plus d'une fois, sans doute, entretenu des divisions intestines dans les ménages, pour jouir plus long-tems du plaisir d'être mediateurs.

(5) C'est le nom de la grande robe que les moines mettent par-dessus leur habit ordinaire, soit à l'église, dans les cérémonies ou dans les visites d'apparat. Cet habit est commun aux deux sexes.

par une religieuse, dans le tems où la folie, dirigée par l'ambitieuse Eglise romaine, persuadait aux chrétiens que pour l'honneur de leur religion, il fallait faire la conquête de la Terre-Sainte. Ce mot de religion, tout puissant pour faire mouvoir les peuples superstitieux, fit tout l'effet qu'on s'en était promis; mais cette masse imposante, qui mieux dirigée, eut été invincible, eut le sort que plus de lumières lui eussent fait prévoir : le peu qui réchappa, rapporta toutes les misères attachées à la suite des folles entreprises.

Nos chanoines, qu'on assure avoir été de ce nombre, ne voulurent pas revenir; ils ont restés tant que les Turcs ont bien voulu les y souffrir; mais depuis qu'ils en furent chassés, il n'est pas même possible de pouvoir reconnaître la place où ils ont existé; et à plus forte raison, de savoir comment ils ont rempli leur devoir.

Les principaux auteurs que nous avons consultés,
sont :

Abraham Bruin, Michiel Colyn, Modius, Hospinianus, Pennottus, Fialetti, Bonanni, Schoonebeek, Hélyot et Bar.

CHAPITRE VII.

FRÈRES DU PURGATOIRE (1),

Dont l'origine est inconnue et contestée.

Le monde n'a jamais manqué de charlatans,
Cette science, de tout tems,
Fut en professeurs très-fertile.

Lafontaine, Fable 19.

Cet ordre, très-ancien, peut être considéré comme l'attelier de la mine la plus riche, découverte par les Papes. Toutes celles du globe et du Potosi, n'ont jamais fourni autant de richesses à leurs possesseurs, que celle-ci, aux souverains *pontifes*, *successeurs du* pauvre Pêcheur *Pierre*.

Après mûr examen, l'enfer leur parût un moyen sûr d'établir une puissance durable, ils l'adoptèrent à l'imitation des payens; mais ayant aussi reconnu qu'il faisait naître le désespoir, et que par là, il devenait ruineux pour les finances papales, ils cherchèrent un correctif, ils inventèrent le purgatoire; mais on eût bien soin de n'en faire ouvrir la porte qu'avec le fameux rameau d'or de la Sybille (2).

____

(1) Voyez en l'origine dans ce chapitre, page 53.

(2) Ce *rameau d'or*, est la clef qui ouvre toutes les portes même celles des lieux les plus inaccessibles.

Voici son origine :

Sans cette clause essentielle, l'invention eût perdu toute sa valeur.

» L'argent, l'argent morbleu ; sans lui tout est stérile.
» La vertu sans l'argent n'est qu'un meuble inutile.

Boileau.

En conséquence , et quoiqu'on en dise , on promulgua cette découverte , on institua même des ordres de religieux (3) , des prédicans , pour l'annoncer plus efficacement à tous les intéressés , et pour les inviter à prendre des actions , afin d'avoir , par le moyen des indulgences , leur entrée plus facile , et

---

Enée devait trouver un rameau d'or avant de descendre aux enfers, telle était la loi du destin. Ce héros, à l'aide de deux colombes envoyées par Vénus sa mère, trouva cet heureux rameau, l'arracha de l'arbre sans y trouver la moindre résistance, et le porta à la Sibylle. Quand ils furent arrivés au palais de Pluton, Enée attacha le rameau d'or à la porte, et n'éprouva point de difficulté pour pénétrer aux enfers.

(3) Quelques auteurs monastiques , et par conséquent parties intéressées à nier l'existence de tels ordres , disent que celui-ci y est supposé ; mais nous avons des preuves convaincantes qu'il a existé ainsi que beaucoup d'autres que l'on range dans la classe des supposés , pour de bonnes raisons : d'après cela , nous observerons que *dire* est un , *prouver* est un autre.

En admettant même leur hypothèse , ils n'en seraient pas plus avancés ; ils ne nieraient pas l'invention du purgatoire ; ils n'auraient pas l'impudence de vouloir lui donner une origine céleste , on n'y croit plus à ces origines ; les siècles des miracles sont passés : nos bonnes gens d'àprésent veulent des preuves pour raisons ; les tems heureux où la parole des prêtres était pour le peuple la voix de Dieu , ou tout au moins l'organe du Ciel , sont disparus comme l'ombre , cette puissance colossale étant à bas , le prestige est détruit.

la sortie plus prompte : la chancellerie papale en-
fanta des bulles *ad hoc*, qui furent autant d'édits
bursaux ; elles s'expédièrent en guise de contrats ou
de quittances de finances : l'on assure même que
les agens et chefs , par égard pour de fortes recom-
mandations de Plutus (4) , y concédèrent des parties de terrein , à long terme ou bail emphytéotique ,
à des familles entières et privilégiées.

> Par une piété profonde ,
> On échangeait avec Bernard ,
> Peur de l'infernal traquenard ,
> Beaucoup des biens de ce bas monde ,
> Pour avoir au ciel une part.

Que les tems sont changés ! que l'amour du présent , du certain , l'emporte de beaucoup sur l'amour
des biens futurs ! enfin ,

> » Que l'erreur aux humains fait une étrange guerre !
> » A peine en est-il un qui n'aimât beaucoup mieux ,
>> » Ici-bas , un quartier de terre
>> » Que tout le royaume des cieux.

d'Aceylli.

Mais dans ces tems heureux , à la vérité , la dis-
pensation de telles graces était toujours la récompense de quelque vertus, de la libéralité, par exemple,
et jamais on ne s'en servait pour autoriser le vice ,
celui d'avarice sur-tout. Les prédestinés , cette classe
bienheureuse , étaient assurés de n'y faire qu'un très-

---

(4) Dieu des payens ; il présidait aux richesses : chez les chrétiens ,
c'est le Dieu des financiers.

court séjour, et l'on pouvait, ainsi que le voyageur opulent, abréger le tems du passage, en multipliant la dépense pour les guides, les relais, etc. ; peut-être est-ce en pensant à cela, que Boileau a dit :

» Quiconque est riche, est tout.

Le charlatanisme en religion est aussi lucratif qu'en médecine, pour ceux qui le professent ; mais il n'est pas aussi nuisible aux administrés ; en médecine, il ne ruine rien moins que le corps et la bourse, au lieu que les empyriques moralistes, ne visent qu'aux espèces, leur seul et unique but ; si par hazard ils nuisent à la santé, c'est lorsque des êtres mal organisés tombent sous leurs mains, alors c'est un accident ; mais, par bonheur pour l'espèce humaine, et malheureusement pour eux, le nombre de leurs amateurs diminue de jour en jour, ce qui fait que le change sur Rome n'est plus à son avantage, car,

» Ils sont passés tous ces beaux jours de fêtes,
» Ils sont passés, ils ne reviendront plus.

Comme le Purgatoire a joué un grand rôle dans l'accroissement de la fortune des papes et de tout le clergé romain, nous allons le faire connaître.

Purgatoire, substantif masculin, terme de l'église romaine et de médecine morale, c'est en bon français, un lieu où l'on purge ; on ne peut nier que purgatoire vient de purgation ; ce n'est en effet que dans ce sens que l'on peut l'entendre, puisque c'est l'endroit destiné à purger les pécheurs, des fautes qui

qui les empêchent de monter d'emblée au ciel ;
comme les inventeurs de cet hospice étaient inti-
mément persuadés que chez les faibles humains , la
santé de l'âme est aussi précieuse à certain âge , que
celle du corps l'est dans tous les tems de la vie ; ils
ont assez solidement fondé leur espérance , pour
quelques siècles pourtant : car , selon leur calcul ,
ils étaient bien loin de prévoir le *nec plus ultrà* de
l'entreprise ; mais en toutes choses , ce qui eut un
commencement , doit en bon droit avoir une fin ,
car il ne peut durer éternellement.

En Irlande (5) , c'est aussi le nom que l'on donne

---

(5) *Irlande* , Hibernia , l'une des Isles Britaniques , la plus grande
après celle de la Grande-Bretagne ; elle est bornée par une mer
dangereuse , appellée la mer d'Irlande , ou le canal Saint-Georges ,
qui la sépare de l'Angleterre , dont elle n'est qu'à 15 lieues , et de
l'Ecosse qui est à cinq lieues ; elle a à-peu-près la figure d'un œuf
en retranchant l'irrégularité des angles ; elle est grande comme
la moitié de l'Angleterre , ayant environ 95 lieues de long sur 53 de
large , et 465 de tour.

Le terrein y est très-fertile , et abonde en excellens paturages , et en
toutes sortes de denrées. Le bétail en fait la principale richesse. L'air y
est doux et tempéré ; il y fait fort humide , parce qu'elle est rem-
plie de forêts , de terreins marécageux , de lacs et de rivières. Il n'y
a point de bêtes venimeuses , et si l'on en porte d'ailleurs , elles y
meurent. Il y a de très-bons chevaux , des abeilles en quantité et
des loups ; on y trouve de l'étain , du plomb et du fer , un grand
nombre de fontaines , de lacs et de montagnes.

Les *Irlandais* sont robustes , ont l'esprit vif et subtil ; mais ils
sont grossiers , paresseux et adonnés aux plaisirs : ils parlent une
langue particulière outre l'anglais. On a remarqué que les soldats
de cette nation sont braves , bien disciplinés dans les pays étrangers ; mais tout autres dans le leur. On divise l'Irlande en quatre

Tome I.   D

à une caverne , qui, selon les légendaires , espèce qui n'a jamais menti, puisqu'elle nous l'assure, représente les peines de l'enfer. L'apôtre de cette île obtint du ciel cette espèce de lanterne magique, pour toucher le cœur des incrédules Irlandais, qui ne grossissaient pas assez vîte, au gré de l'ardent prélat, le troupeau qui lui était confié.

Tel merveilleux que semblent ces prodiges, on n'en sera plus étonné lorsqu'on saura que ce franc Hibernois vécut de l'an 377 à 460. On ne sera pas surpris de lui trouver plus de zèle que de lumières ; car il n'en fallait pas beaucoup dans ce tems - là pour éblouir le vulgaire, toujours courbé devant l'encensoir. Voltaire n'avait pas encore pu dire :

>> Nos prêtres ne sont pas ce qu'un vain peuple pense,
>> Notre crédulité fait toute leur science.

---

provinces ; *l'Ulter*, ou *l'Ultonie*, *Connaugh* ou la *Connacie*, *Leinster* ou *Lagénie*, *Munster* ou la *Mommonie* ; il n'y a point de pays au monde ou il y ait une si grande quantité de havres et de si commodes. La plus considérable des rivières est le Shannon. Le gouvernement civil ressemble à celui d'Angleterre ; il y a un vice-roi, appellé lord, lieutenant ou député d'Irlande , dont l'autorité est d'une grande étendue.

La religion est l'Anglicane ; on y compte quatre archevêchés, le nombre des évêchés n'est pas fixe, parce qu'on en unit ou on en sépare souvent ; il y a beaucoup de catholiques.

L'Irlande fut réunie à la couronne d'Angleterre en 1 72 , sous Henri II ; mais ce ne fut que Henri VIII qui, dans la trente-troisième année de son règne, fut déclaré roi d'Irlande. Auparavant, les rois d'Angleterre se disaient seulement seigneurs d'Irlande. Il y a eu souvent des révolutions, sur-tout depuis Henri VIII. Dublin en est la capitale. Elle est distante de Paris de 182 lieues.

Vosgien , Dictionnaire Géographique, page 553

Aussi le destin , qui prévoit les choses de loin , a-t-il placé cette merveille en Irlande (6), elle eût été trop assujettie à la mode en France ; son règne serait déjà fini. Nous croyons pourtant que les Irlandais ne tarderont guère à lui crier : garre la bombe.

Nous ne serions pas surpris que sur le théâtre que l'on fait élever pour représenter des opéras à machines , dans le goût de ceux du chevalier Servandoni , on mit ce fameux trou (7) en action. Paris jouirait d'un spectacle vraiment curieux et parfaitement neuf ; et si l'entreprise ne fournissait pas autant à la recette qu'elle a rapporté aux papes , la directrice n'aurait pas encore à se plaindre.

En attendant que cela s'exécute , nous en donnerons un extrait.

Selon la définition de l'Eglise romaine , c'est le lieu où les justes souffrent la peine due à leurs péchés , quand la mort les surprend avant d'avoir pu y satisfaire ; c'est , ajoute-t-elle , par la miséricorde de Dieu , par les indulgences (8) de l'Eglise et les

---

(6) Voyez la note (5) page 49.

(7) On appelle également trou de Saint-Patrice , ou purgatoire de Saint-Patrice , cette caverne enchantée , parce qu'effectivement c'est un grand trou.

Voyez les auteurs Anglais , CAMBDEN et MATHIEU PARIS.

(8) D'après l'Eglise même , et ses autorités , elle n'a pas le droit de remettre des peines du purgatoire. Nous le prouvons dans ce chapitre.

D 2

prières (9) des fidelles , qu'on est délivré des peines du purgatoire.

Un réglement fait pour les Grecs de Chypre , en 1254 , par le pape Innocent IV , porte que « puis-
» que les Grecs croyent que les âmes de ceux qui
» meurent chargés de péchés véniels , ou sans avoir
» accompli la pénitence qu'ils ont reçu , sont pur-
» gés après la mort , et peuvent être aidés par les
» suffrages de l'église , nous voulons qu'ils nomment
» *purgatoire* , comme nous , le lieu de cette purga-
» tion , quoiqu'ils disent que leurs docteurs ne lui
» ont point donné ce nom ».

Modius , d'après lequel nous représentons l'habit de cet ordre , lui donne une tunique , un petit capuce attaché à une espèce de mozette ou camail , qui se pose par-dessus le manteau ou chape , qui a des ouvertures pour passer les bras ; le tout de couleur brun tané obscur. Voyez notre *figure* n° 3, *planche* n° 3.

Abraham Bruin , d'après lequel Modius et tous ceux qui l'ont représenté depuis , l'ont copié , ne donne pas d'amples détails sur cet ordre , qu'on doit regarder comme un être éphémère duquel on fut aise de se servir au besoin ; mais dont on n'a pas

-----

(9) Il faut prêter à l'Etre Suprême les faiblesses et les passions humaines , pour établir et faire adopter la nécessité très-systématique de lui adresser des prières pour les morts : son immuabilité, sa profonde justice , et sa bonté infinie , suffisent pour faire crouler tout cet échafaudage de charlatanisme qui révolte la saine raison , et même la vraie piété.

voulu conserver le souvenir , et s'il en reste quelques traces , on peut bien croire que ce n'est pas
l'Eglise romaine qui nous les a transmises.

Ce sont de ces enfans illégitimes que leurs pères
rougissent toujours d'avouer.

D'ailleurs , on n'en avait plus besoin ; les Domi-
nicains ou Frères prêcheurs , et toute cette engeance
monacale , n'a jamais oublié directement ou indirectement de rappeller aux esprits crédules , les lacs
de feu et de souffre ardens qui les purifieront de
leurs fautes , pour les préparer à se présenter digne-
ment en face de l'Etre Suprême ; c'était assez pour
empêcher le purgatoire de sortir de la mémoire des
hommes , et y graver très-profondément le besoin
des indulgences.

ORIGINE DU PURGATOIRE.

Odillon , abbé de *Cluni* , dont le génie n'était pas
celui de *Socrate* , se promenant un jour près du
mont *Etna* (10) , entendit le bruit effroyable ,
mais très-naturel , de ce volcan , et comme , d'après
ce texte sacré : *heureux les pauvres d'esprit* , il avait

---

(10) *Ethna* , appelé aujourd'hui en italien , *Monte-Gibello* , et en
français *Mont-Gibel* , est la plus haute montagne de la *Sicile* , et ce
volcan est aussi la cause des fréquens et dangereux tremblemens de
terre que cette belle partie du monde éprouve. Les bas de cette montagne présentent le plus bel aspect possible , en côteaux de vignes et
en richesses rurales de tout genre. L'on y voit aussi quelquefois de la
neige , quoique le foyer du centre soit capable de jetter à plusieurs
lieues loin , des nuages considérables de cendres , et des pierres d'une
grosseur énorme.

des droits incontestables au *paradis*, il jugea que cet affreux tintamare ne pouvait être autre chose que celui de l'anti-chambre de l'enfer, où l'on purgeait les pauvres pécheurs, pour les faire passer au ciel : tout émerveillé de sa découverte, il en raisonna dans son couvent; les bons Clunistes y applaudirent, et d'encore en encore, cela fut jusqu'au pape : le sacré collége trouva l'expédient délicieux, et le souverain pontife vous fabriqua un bel et bon purgatoire à l'usage du monde chrétien.

Ce saint abbé, né en 962, et qui fut surnommé le débonnaire, mourut à 87 ans, en 1049 ; ce qui nous donne naturellement l'âge du purgatoire, et nous avertit qu'après huit siècles d'un usage très-continuel, ayant sûrement besoin de réparations, il n'est pas prudent de continuer à s'en servir.

Les indulgences sont une invention papale, très-adroite pour augmenter les finances de l'église, en attirant, par ces sortes de concours de dévotions, les pieux étrangers, qui, outre les offrandes qu'ils ne manquent jamais de faire en abondance, laissent encore dans les lieux de leurs séjours, une bonne portion de numéraire, tant pour leur dépense journalière, que pour l'échange des brefs, bulles ou *agnus* qu'ils remportent dans leur patrie.

Les foires et l'opéra n'ont jamais tant rapportés aux Français, malgré le concours étonnant d'étrangers qu'ils attirent, que ces saintes babioles ont produit au saint-siége.

Si l'on en croit l'église romaine, les indulgences

sont d'institution divine , puisque c'est sur ces paroles du Christ à son apôtre Pierre :

« Ce que vous délierez sur la terre sera délié dans
» le ciel , et ce que vous lierez sur la terre sera lié
» dans le ciel. »

Alors cela ne peut et ne doit nullement regarder le
purgatoire ; car il n'est pas censé être sur la terre, , et
la puissance de lier et délier ne s'étend pas plus loin.

Mais ce prétendu droit donné à Pierre , n'a pu
réellement passer aux successeurs corrompus (11) du
premier chef visible de l'église ; car cette qualité
de chef n'est rien moins que bien appuyée ; Pierre
fut évêque de Rome ; mais la qualité d'évêque de
Rome n'emportait pas de droit avec elle , celle de
chef de l'église , quoique Rome n'ait jamais oublié de
s'appuyer des paroles du Christ :

« Vous êtes pierre , et sur cette pierre je bâtirai
» mon église , et les portes de l'enfer ne prévau-
» dront pas contre elle. » (L'enfer n'est rien ; c'est
la raison qui est à craindre.) Ce ne fut que par la
suite des tems , et par la forte persévérance de l'in-
trigue , que ce titre fastueux fut annexé aux successeurs du plus simple des apôtres (12).

L'église prétend avoir le droit de créer des indul-

---

(11) Nous ne ferons pas une grande dépense d'érudition pour prouver ce que nous avançons ; l'histoire, quoique presque toujours écrite
par de vils adulateurs, nous en donne de nombreuses preuves.

(12) Si cet ouvrage est accueilli , nous prouverons très-clairement ,
dans un supplément , ce que nous avançons , et nous y citerons des
autorités respectables , pour ceux même qui en seront accablés.

gences , nous venons de donner l'origine et de la chose et du droit ; mais quel est l'être doué d'un peu d'intelligence , qui n'apperçoive pas qu'il en est de ce prétendu droit, comme du pouvoir des rois de France pour guérir les écrouelles ? Ce charlatanisme effronté ne fait plus d'effet que sur la partie la moins instruite du peuple ; voilà les vrais croyans aux indulgences et à la vertu de guérir les écrouelles. Quand au mot peuple, nous désignons par ce nom, cette partie ignorante dans tous les états et dans toutes les professions , depuis les souverains jusqu'aux mendians; car le peuple des grands et des riches , pour être moins crédule, n'en est pas toujours moins ignorant.

En théologie (13), science conjecturale et la plus ridicule que la vanité humaine ait pu inventer , on appelle indulgence , la rémission de la peine due aux péchés (14), accordée par l'église. Cette définition toute entière de l'église, est aussi toute pour l'église. Cependant la médiation de l'église entre le créateur et la créature , a beaucoup perdu ; on est intimement persuadé que le seul moyen de réparer, jusqu'à un certain point, une faute grave, est de dédommager la partie lézée, d'une manière qui lui convienne ; et l'on n'a plus la simplicité, pour ne pas dire plus, de croire que de l'argent donné à des

---

(13) Voyez à la fin de ce chapitre , la notice théologique.

(14) Des riches, car les pauvres ne pouvant avoir le moyen de les acheter ou gagner, n'y participaient guère.

prêtres pour faire dire quelques prières, que l'habitude mercenaire fera prononcer machinalement, doit suffire pour effacer les péchés ou les crimes; nous ne sommes plus aux tems où le meurtre d'un individu se compensait ou même se trouvait effacé par la fondation de quelques prières, d'une chapelle, ou si le crime était trop fort, par l'érection d'une église ou d'un monastère bien pourvu. Les Juifs, que l'on nous peint si grosssiers, si charnels, étaient moins barbares; ils ne vendaient ni le sang, ni la vie de leurs frères; plus sages, ils voulaient œil pour œil, dent pour dent. Il est vrai que si nous adoptions cette méthode, les crimes seraient moins fréquens, et la cour de Rome pourrait faire magasin de ses indulgences.

Nous ne sommes plus au tems où un commissaire du Saint-Siége pourrait dire au peuple qu'il prêcherait (15) qu'au son de l'argent qu'on jettait dans le bassin du quêteur, les âmes sautaient de joie et s'envolaient aussi-tôt du purgatoire. Christophe Masseus, dans sa Chronique de l'an 1515, dit, que pour *dix sous* on délivrait une âme. Sléidan cite que moyennant la *taxe payée*, tout péché était pardonné, même les plus horribles; ainsi un homme puissamment riche, également dépravé, pouvait, pour une forte somme, et d'avance, acquérir le pardon de tous les péchés qui lui viendraient dans

______

(15) C'est l'évêque d'Arembauld, commissaire de Léon, pour négocier des indulgences, qui fit prêcher par ses aides-de-camp ce que nous venons de citer.

l'idée de commettre : il faut convenir que de nos jours on n'a pas osé pousser la turpitude aussi loin ; mais chez les riches pourtant, ce n'est pas un péché d'épouser sa cousine la plus proche , ni même sa nièce , tandis que chez les pauvres il n'y aurait pas eu de de pardon pour semblable faute.

Cette vente ou concession d'indulgences, n'est autre chose que le commerce simoniaque que l'Eglise romaine fait depuis bien des siècles.

Baptiste Mantouan, carme (16), dit dans son églogue cinq, en parlant des échanges que fait Rome avec l'univers chrétien.

> *Si quid Roma dabit, nugas dabit, accipit aurum,*
> *Verba dat, heu Romæ sola pecunia regnat:*
> *Exilium virtus patitur.....*

Que l'on peut rendre ainsi :

Rome libérale en paroles ,
Encor plus qu'avare d'argent ;
Vend trop chèrement ses babioles ,
Et son négoce est au comptant.

Le même peint bien encore cette cour vénale , dans les vers de son troisième livre des calamités, où il dit qu'à Rome, et ce n'est point un mystère, les débordemens les plus affreux sont en usage ; que les Ganimèdes y sont en grande estime, les laïs donnent des loix, ou les vendent, ce qui revient au même, que les temples, les autels, les prêtres, l'en-

____

(16) Il mourut en 1516.

cens, les prières, le Ciel et Dieu même, tout s'y trafique.

» *Pestrique domus polluta fluente,*
» *Marcescit luxu; nulla Hicarcana revelo*
» *Non ignota loquor, liceat vulgata referre*
» *Sic urbes populique ferunt ea fama pér omnem*
» *Jam vetus Europam, mores extirpat honestos*
» *Sanctus ager scurris, venerabilis ara Cinædis*
» *Servit, honorandæ divûm Ganimedibus ædes*
» *Quid miramur opes, recidivaque surgere tecta*
» *Thuris odorati globulos, et cinnama vendit*
» *Mollis arabs; tirii vestes venalia nobis*
» *Templa, sacerdotes, altaria, sacra coronæ;*
» *Ignis, thura, preces, cœlum est venale Deusque.*

D'après cela, toujours fidelle à ses principes, on ne doit pas s'étonner si la cour de Rome fulmine contre la France et sa révolution; elle qui n'a jamais su que prendre et recevoir.

» *Curia Romana non petit ovem sine lana*
» *Dantes exaudit non dantibus ostia claudit* (17).

Sous Constantin, elle ne trouva pas mauvaise la révolution qui s'opéra par ses intrigues, pendant les années 26 et 27 de son règne, c'est-à-dire vers l'an 310, et même jusqu'en 330. Cet empereur, prévenu par les chrétiens d'alors, détruisit les idoles et leurs temples, et en transféra les revenus aux églises.

---

(17) Le mot-à-mot, est, la cour de Rome n'aime point la brebis sans sa toison; donnez, elle exauce, ne donnez point, elle clôt sa porte. Ce que l'on rend ainsi :

Donne-moi ta brebis ; mais avec sa toison
Si tu donnes, c'est bonne clause,
Sur ton refus, ma porte est close.

» Deux des partis y trouvèrent leur compte.
L'hypocrite Constantin ,
Et le bon clergé chrétien.

Selon Rome, la nation Française a fait un crime irrémissible , en prenant , à l'église , des biens , la plupart extorqués aux moribons , et d'ailleurs la source intarissable du luxe insultant , des mœurs scandaleuses et dépravées , qui caractérisaient le haut clergé , et dont par contre-coup, le clergé inférieur n'était pas exempt.

Si la nation est coupable, au dix-huitième siècle , pour avoir pris de tels biens , l'église l'était donc au quatrième siècle , quand elle a sollicité, obtenu et accepté les biens des temples des idolâtres?

Si elle nous présente la religion , nous lui opposerons les besoins de l'état, qui, de l'aveu général, sont de tous les plus pressans.

» *Salus populi suprema lex esto.*

Le salut du peuple est la suprême loi , par conséquent, tous les intérêts particuliers doivent se taire quand celui-là se fait entendre ; mais cette morale anti-ecclésiastique ne fut jamais celle du clergé

Nous n'avons pas besoin d'observer que l'église, si elle eût été vraiment chrétienne, devait se contenter d'employer la voie douce et salutaire de la persuasion , la seule qui convienne à des vrais apôtres qui ne visent point aux richesses ; c'était-là le seul moyen juste qu'on pût mettre en usage pour détruire le polythéisme ou culte des faux dieux ; mais non comme ils ont fait, d'accepter, après en avoir préparé la ruine, les biens des temples des payens, ces mêmes payens qui vivaient alors selon les usages et coutumes, les mœurs et les loix, pour le moins aussi bien que le clergé chrétien.

La fortune, par un tour de roue, leur rend la pareille aujourd'hui, et la partie saine de la nation ne les plaint point ; car la religion n'y perd rien, elle n'a rien de commun avec eux, au contraire, ce sont des sujets de scandale de moins pour les mœurs et la vraie dévotion, dont ils n'avaient que le masque.

Les légendes mêmes, qui ont été les artisans de leur fortune, nous prouvent aujourd'hui que leur rapacité les a fait blâmer dans les siècles où ils captivaient le plus les esprits : car celle de Saint-Silvestre, dit qu'au troisième siècle, les gens de bien voyaient avec peine que l'église prit soin d'accumuler des biens temporels, et qu'une voix du ciel fut ouie, articulant ces paroles :

» *Hodie effusum est venenum in Ecclesiam.*
Aujourd'hui a été répandu le poison dans l'Eglise.

Ils entendaient par-là l'opulence subite où se trouvait l'Eglise ; il est vrai que tous les moyens semblaient bons, pourvu qu'ils rapportassent.

Les Annales de Baronius nous fournissent un trait entr'autres, lorsqu'il dit « qu'on sanctifia les » cérémonies du paganisme, en les introduisant » dans l'église chrétienne ».

Les richesses immenses de la maison céleste de Notre-Dame de Lorette, font-elles quelque chose au fond du culte? le plus simple le croit; mais la raison prouve le contraire.

Les Français, s'ils vont visiter ce saint lieu de miracles, seront très-étonnés, quand ils verront les anges, qui l'ont descendue à Lorette, l'enlever à leur approche, pour les empêcher de la profaner par leur présence : pénétrés d'une sainte terreur, ils reviendront nous attester cette protection visible du Ciel, et feront plus de conversions en un instant, par ce moyen, que tous les livres saints n'en ont faits depuis des siècles.

Théologie (18), nom formé du grec, et suivant l'énergie du terme, c'est la science de Dieu et des choses divines; par conséquent la plus nécessaire de toutes les connaissances, elle ne peut paraître indifférente qu'à ceux qui ne veulent ni Dieu ni religion : voilà bien clairement l'opinion du clergé ; mais selon la vraie signification du mot, ce n'est que la science la plus conjecturale et par conséquent la plus vaine et la plus inutile de toutes les sciences, si l'on peut, toutefois, donner le nom de science à l'assemblage indigeste et ridicule de toutes les rêveries des cerveaux creux connus sous le nom gigantesque de théologiens.

On distingue deux théologies, la naturelle, qui

(18) Substantif féminin, formé du grec Θεολογία, theologia, des mots Θεὸς et λόγος, Theos et logos, Dieu, discours; ce qui forme par inversion, discours sur Dieu.

ne peut avoir une grande étendue , ni être d'un grand poids ; car lorsqu'il s'agit de Dieu , l'on peut , et l'on doit dire avec un moderne :

» Loin de rien décider sur cet Etre Suprême ,
» Gardons en l'adorant un silence profond ,
» Le mystère est immense , et l'esprit s'y confond ;
» Pour savoir ce qu'il est , il faut être lui même.

La surnaturelle est fondée sur la révélation ; ce mot paraît un peu barbare à présent ; les siècles à révélations sont écoulés , et avec eux , tout l'échafaudage théologique s'est écroulé.

Les autres dénominations que l'on donne à cette science , sont la spéculative , qui a pour objet de prouver les choses desquelles on n'a pas de preuves.

La morale ou pratique , qui n'est rien moins que l'interprète de la divinité , et à laquelle nous devons les *casuistes* , espèce de toutes les espèces la plus ridicule, la plus oiseuse et même la plus nuisible à l'innocence et aux bonnes mœurs ; car , il n'est pas un individu chrétien-catholique , qui , dans sa jeunesse , n'ait éprouvé que leur classification des péchés a fait naître en lui le desir d'approfondir tel ou tel article de cette indécente nomenclature , en mettant à la torture son imagination qui , à cet âge , est presque toujours ardente ; de là les conjectures à perte de vue , c'est l'effet ordinaire de l'inexpérience.

La positive , que les gens du métier regardent comme la seule vraie, pêche par sa base, en ce qu'elle n'est fondée que sur la révélation , et que la révélation n'est elle-même fondée que sur des absurdités.

La scholastique a servi à enfanter des disputes, des querelles, et un nombre considérable de volumes inutiles ; avec de tels titres, elle doit être en grande considération.

La mystique enfin, que l'on a si souvent mystifiée, fut très-connue de l'ardente Thérèse, de la despote Catherine de Sienne, et de tous les cerveaux brulés qui ont voulu faire partager leurs extravagances aux imbécilles assez sots pour les croire ; c'est le partage de ces esprits attrabilaires qui ont fondés des ordres. Ses attributs sont contemplation ou paresse, extase ou volupté, oraison mentale ou repos, etc. etc. et pour la bien définir, nous dirons avec *Léibnitz*, qu'elle est à la théologie ordinaire, à-peu-près ce qu'est la poësie à l'éloquence ; c'est-à-dire une espèce de délire. Les amateurs de cette belle invention, en rapportent l'origine, qu'ils font remonter aux second siècle avant Jesus-Christ. Ils nomment *Ammonius*, *Pythagore* et *Platon*.

La puissance colossale du clergé est fondée sur cette science toute conjecturale, cette base chancelante est divisée en plusieurs classes, qui, toutes enseignent à parler de Dieu avec autant de certitude que les aveugles en ont à parler des couleurs.

Ces théologiens, bouffis d'orgueil, prétendent juger des choses célestes, quand leur incapacité bien duement reconnue, les met hors d'état de juger sainement de celles de la terre qu'ils ont sous les yeux. Cependant, par une voie assez adroite, ils

ont

ont trouvé le moyen d'en imposer aux simples , en inventant la révélation ; c'est-là leur grand mobile ; c'est-là le soutien de tout leur pieux édifice , qui , selon eux , est inattaquable et ne peut être révoqué en doute sans péché. Il n'y a rien autre chose à dire sur cette prétendue révélation , sinon qu'il ne fallait rien moins , pour y faire croire , que toute l'ignorance des siècles passés , et tout l'ascendant que le clergé a su prendre pendant les siècles plus éclairés, Ils ont suivi constamment cette grande maxime , *divide et impera* , divisez et régnez. Les disputes sur les dogmes , sur les miracles , sur la bulle , et tous les autres tours de passe-passe , occupaient le peuple, et lui faisaient croire que Rome ne pensait qu'à ces futilités; mais les ruses ultramontaines (19) sont enfin connues !

Les prêtres ont écrit sans relâche ; ils ont entassés ouvrage sur ouvrage pour donner une certaine consistance à la révélation , et enchevêtrer par son

---

(19) On nomme ultramontain ou d'outre-monts, ceux qui habitent au-delà des monts.

Les Français sont par rapport aux Italiens , ce que les Italiens sont par rapport aux Français ; c'est-à-dire, ultramontains.

Les Français nomment qualités ultramontaines , la ruse, la chicane , le fanatisme , l'hypocrisie et la jalousie , etc.

Les Italiens donnent le même nom , à la légèreté , la politesse et la galanterie française. Ils y ajoutent même l'impiété, parce que les Français n'étant pas aussi amateurs qu'eux des cérémonies cléricales, ne montrent pas autant d'assiduité dans la pratique extérieure du culte , quoiqu'il y ait en général peut-être plus de vraie piété en France qu'en Italie.

Tom. I.   E

moyen le pauvre genre-humain ; (20) mais tout a un terme, et la crédulité a aussi des bornes : le tems enfin est arrivé où le mensonge finit son règne, et fait place à la vérité.

Aujourd'hui, le plus simple paysan dirait naïvement avec Molière, au prêtre ou caffard qui lui parlerait, stipulant au nom du ciel.

» De l'intérêt du ciel pourquoi vous chargez-vous ?
» Pour punir le coupable, a-t-il besoin de vous ?

CONCLUSION.

Cet ordre fut pour le purgatoire, ce que le compère est pour les marionnettes ; c'est la cheville ouvrière ; il attire et instruit les amateurs.

Ceux-ci prêchaient au peuple le mérite de cette nouvelle médecine, ils servaient de commentateurs pour mettre en vogue la doctrine purgatoriale.

Quand l'établissement fut bien consolidé, l'on fit disparaître les étais qui avaient servi à construire l'édifice. L'église fut, est, et sera toujours la même tant qu'elle existera ; c'est-à-dire, ambitieuse et mercenaire.

---

(20) La cour de Rome n'a rien épargné pour étendre, par le moyen de la religion, sa domination sur tout le globe : les Jésuites en avaient déjà donné un bel exemple, et laissez-la faire, vous en verrez la réussite.

Ces nombreux missionnaires, ardens zélateurs de la propagande de Rome, qui n'est assurément pas celle de la liberté, prouvent jusqu'à l'évidence que le plan ultramontain n'était pas conçu à la legère.

Encore un siècle ou deux, et Rome la sainte eût gouverné le monde entier.

Nos garans sont :

Bullarium magnum, etc.

Baronius , *vol.* 4 , *ann.* 385 , *art.* 8.

Idem , anno christi 44 , *art.* 86 *et seqq. et tom.* 1 *et passim , etc.*

B. Silvestri , *legenda ,* etc.

Sleidan.

Monasticum anglicanum.

Christoph. Masseus , *in chronic. ann.* 1515 , *etc.*

Rodolph. Hospinianus , *de origine et progressu monachatus, etc. Tiguri ,* 1588.

Lib. 20 *de Episc. et Clericis , in Codice Theodosiano ,* etc.

Cicero. *pro Flac. idem. Philipp.* 1.

Hieronym. *ad nepotianum , epist.* 2 , *etc.*

Idem , ad Heliodor , *epist.* 2. *Idem , ad* Eustochium , *epist.* 22 , *etc.*

Paulin , *epist.* 1.

Antinus Sopronius , *etc.*

Marcellin , *etc.*

Mysterium iniquitatis , seu Historia Papatus, autore Philippo Mornay-Duplessis, *in-fol. Salmuri,* 1611.

Mathieu Paris , *etc.* Cambdem *et* Alleman , *Hist. monast. d'Irland.*

Polydor. Vergilius , *de rerum inventoribus,* etc.

Dictionnaire d'Italie , etc.

Mychiel Colyn , *etc.*

Helyot , *Hist. des ordres relig. etc.*

Beaucoup d'auteurs théologiques , etc.

Et J. Ch. Bar, *Recueil de tous les costumes monastiques religieux et militaires ,* etc.

CHAPITRE VIII.

MOINES ESCLAVONS,

Établis en Pologne, par Uladislas V, roi de Pologne,
l'an 1389 ou 1390.

SI nous en croyons Miechovita (1) , historien Polonais, peu après le milieu du seizième siècle , ces moines n'existaient déjà plus ; car il dit qu'en sa jeunesse, il n'y avait plus à Cracovie (2) , au faubourg

(1) Cet auteur polonais dit... : « *Ut voce sonora tam horas canonicas* » *quam missas in idiomate Slavonico celebrarent et explerent ..... verum in* » *diebus pueritiæ meæ , presbyter slavus idiomate Slavonico continuabat.* »

(2) Cracovie (1), est la capitale de la Petite-Pologne , et autrefois elle était celle de tout le royaume ; mais Varsovie a pris sa place. Il y a dans cette ville une grande quantité d'églises.

Près delà , sous une ville nommée Wilisca , il y a des mines de sel , dont le revenu est le plus considérable de ce royaume : ces mines sont à plus de deux cents toises sous terre : c'est sur le produit de ces salines que le revenu de nos moines Esclavons était assigné.

Les maisons de Wilisca sont creusées sous terre , il n'y a que l'église qui soit sur la surface : elle appartient à l'Empire depuis 1773 , époque du démembrement de la Pologne. Ces mines furent découvertes en 1252. On y descend par quatre ouvertures; les deux principales sont dans la ville , et servent à tirer en haut les grands quartiers de sel qu'on y expose , pour être foulés et brisés par les pieds des hommes et des

(1) *En latin,* Carrodunum, Carnodunum, Cracovia, *à trois cents lieues de Paris.*

de Clépartz, qu'une seule de ces écrevisses monastiques, qui célébrait l'office en langue esclavonne ;
et qu'en 1712, on ne se souvenait plus, dans cette
ville, qu'ils y eussent existé.

> » Le destructeur impitoyable
> » Et des marbres et de l'airain,
> » Le Tems, ce tyran souverain
> » De la chose la plus durable,
> » Sape sans bruit le fondement.

Chaulieu.

---

chevaux, avant d'être broyés plus menus dans les moulins ; les deux
autres descentes, servent particulièrement pour introduire le bois et
les choses nécessaires aux travailleurs. Ces trous font un carré de quatre
à cinq pieds d'ouverture, revêtu du haut en bas de fortes planches.
Le moyen de descente qu'on y emploie, est une grande roue qu'un
cheval met en mouvement, et qui fait, par le moyen d'un cable gros
comme le bras, monter ou descendre les fardeaux. La première ouverture ne conduit qu'à cent toises, où est une route souterraine et dé-
tournée, qui conduit à la seconde ouverture, qui est encore de cent
toises de profondeur ; cette seconde est garnie d'échelles proprement
ajustées dans toute la longueur du trou : ainsi l'on voit que ce n'est
qu'à plus de deux cents toises sous la ville, qu'on trouve les carrières
de sel : ces carrières sont immenses, et l'on a soin de les soutenir par
des étaies, afin que le dessus ne s'écroule pas, mais ;

> » Au fond de cet abîme immense,
> » L'on voit la nature en silence,
> » Méditer sa destruction.

Champfort.

Voyez les géographes Vosgien, de la Croix, Mentelle, *et les historiens de la Pologne, etc.*

Ce que l'on doit regarder comme une singularité fort remarquable,
c'est qu'il y a dans ces carrières un ruisseau d'eau douce, qui ne tarit
que dans les grandes sécheresses ; il passe tout à travers la mine, et

E 3

On n'a aucune autre particularité sur leur compte, sinon qu'ils occupaient le couvent de Sainte-Croix, du faubourg de Clépartz, à Cracovie, et qu'ils psalmodiaient (3); qu'on les appelaient même les psalmodiens ; que leurs revenus étaient assignés sur les salines voisines de Wilisca (4). En ajoutant à cela la description de leur habit, voilà tout ce que l'histoire nous a transmis concernant ces pieux inutiles.

Leur costume, tout rouge, consistait en une tunique, une coule ou longue robe à longues et larges manches, une mozette, à laquelle était attaché un capuce assez ample, qui leur tombait sur les épaules, et servait à couvrir leur chef tondu ; car ils n'avaient qu'un filet de cheveux, formant une couronne cléricale à la bénédictine, ainsi que nous le représentons à la *planche* n°. 5, *fig.* n°. 4 ; ce qui a fait que quelques-uns ont prétendu qu'ils étaient soumis à la règle des bénédictins : cependant on assure, et non sans vraisemblance, qu'ils suivaient celle de Saint-Basile.

Nous n'avons trouvé sur leur origine, que beaucoup d'obscurité ; les Polonais prétendent que leur

---

sert au rafraîchissement de plus de mille travailleurs, et de quelques chevaux qui servent à apporter le sel au pied des ouvertures.

L'air de ces souterrains est si rude, qu'en très-peu de tems les chevaux y deviennent aveugles. Les hommes n'évitent le même accident, qu'en prenant, de tems en tems l'air extérieur, pour leurs besoins physiques et moraux.

(3) « *Psaltarum sive psalteristarum.* »

Herburt, hist. polon.

(4) Voyez la note 2, page 68.

fondateur les avaient amenés de Prague , pour les établir en Pologne. Il n'y a que des conjectures sur l'origine de la couleur de leur habit , la forme est telle que nous la décrivons.

Le luxe théocratique brillait dans certains ordres , tels que celui-ci , et la pauvreté évangélique semblait en distinguer d'autres. Cependant tout ce charlatanisme ultramontain , n'a pu éblouir que des yeux faibles , car l'œil pénétrant n'y appercevait que des nuances, à la vérité , différentes , mais toujours adhérentes au même principe ; et le tems qui fait mûrir les observations , a détruit tous ces prestiges.

Peut-être aussi , cet ordre doit-il plutôt l'élégance de son habit , aux usages du pays et au climat , qu'à tout autre considération ; peut-être aussi , était-ce à la classe pour laquelle il paraissait le plus particulièrement destiné , ou enfin au degré d'ignorance ou de fanatisme du peuple chez lequel il a vécu.

Quoiqu'il en soit de son habit et de lui-même, il n'a laissé d'autres traces de son existence , après trois siècles de durée, que la date , en quelque façon incertaine de sa création , le lieu et le nom de son domicile , la forme et la couleur de son habit , et sur-tout l'hypothèque sur lequel était affecté ses revenus , objet de la plus haute importance pour tous les moines ; quant au reste, tout ce qui le concerne est très-équivoque ; à l'égard de ses vertus , l'histoire a pensé qu'on n'en pourrait pas douter , elle les a toutes sous-entendues.

E 4

RÉCAPITULATION.

Cet ordre a fait ses preuves d'inutilité , institué en 1389 ou 1390 , il a duré trois siècles ; et la postérité , dans ce laps de tems , ne découvre aucune action digne d'elle ; tandis que d'Assas , Titus , la charitable Romaine , nous ont laissés , dans l'espace ordinaire de la vie , des traits qui ne s'oublieront jamais.

> » Son père , dans les fers , languit sans nourriture.
> » Elle approche. O tendresse ! amour ingénieux !
> » De son lait........ se peut il ? oui , de son propre père ,
>   » Elle devient la mère :
> » La nature trompée , applaudit à tous deux.
>
> Champfort.

Et Titus , ce mortel chéri , l'honneur de l'humanité ; les siècles ne feront pas oublier son nom !

> » Ces mortels magnanimes ,
> » Sont honorés , grand Dieu ! de tes regards sublimes.
> » Tu ne négliges pas leurs illustres destins ,
> » Tu daignes t'applaudir d'avoir formé leur être ;
>   » Et ta bonté , peut-être ,
> » Pardonne , en leur faveur , au reste des humains.
>
> Champfort.

Enfin , après avoir vécu *pour lui* , cet ordre a fini *pour tous*. Son existence n'a pas occupé la renommée ; l'oubli a fait justice de sa nullité.

CONCLUSION.

Cet ordre prit naissance au commencement d'un règne , parce qu'alors il y avait une certaine magnificence à créer de ces sortes d'établissemens ; on le dota , parce qu'ils avaient soin de faire entendre que la dignité du sacerdoce n'était pas compatible avec le travail manuel ; et dans ces tems-là, où la noblesse tirait vanité de sa profonde ignorance , on avait la bonhomie de croire que la paresse monacale était une vertu. D'ailleurs , leur fondateur venait de quitter le paganisme pour épouser la Polo ne ; il n'est pas étonnant que dans la grande ferveur de son zèle , il ait voulu les bien traiter pour l'amour de Dieu. Les guerres , qui ne sont nullement propices aux moines , quand ils n'en sont pas les auteurs ou les agens , entraînèrent la ruine de ceux-ci.

Voyez les auteurs suivans :

Abraham Bruin , *etc.*

Michiel Colyn , *etc.*

Franciscus Modius , *etc.*

Dugloss, *Hist. polon. , etc.*

Florus , *polon. , etc.*

Miechovita , *Chron. polon. , etc.*

Cromerius , *Hist. polon.*

Poloniæ historiæ corpus , etc.

Stanislai Lubienski , *Hist. , etc.*

Joan. Herburtus , *Hist. polon. , etc.*

Blaise Vigenere , *Chroniques et annales de Pologne.*

Le père Hélyot, *Hist. des ordres religieux , etc.*

Les géographes Vossien, de la Croix et Mentelle , *etc.*

J. Ch. Bar , *recueil de tous les costumes religieux et militaires , etc.*

CHAPITRE IX.

RELIGIEUX DE S. PAUL, PREMIER ERMITE,

EN FRANCE,

Appelés communément les FRÈRES DE LA MORT (1),

Établis à Rouen, vers le commencement du dix-septième siècle (2).

PERSONNE n'ignore à présent que quiconque voulait mourir avant le tems, et descendre à la fleur de son âge dans le tombeau, sans gloire et sans utilité réelle, devait prendre le parti du cloître :

---

(1) Parce qu'ils portaient sur la poitrine la représentation d'une tête de mort, en drap blanc, cousue sur leur scapulaire. Ils avaient un couvent à Rouen, qui a passé aux Augustins déchaussés, auxquels on a toujours donné, dans cette ville, le nom des *Pères de la Mort*, à cause que ce couvent avait appartenu à ces religieux de l'ordre de Saint-Paul, premier ermite, que l'on appelait vulgairement les *Frères de la Mort.*

(2) Tout concourt à faire croire que son origine n'est pas de beaucoup antérieure à l'an 1620, puisque par le premier chapitre de sa règle, qui regarde l'office du Supérieur de toute la congrégation, il est dit que, lorsque l'ordre sera suffisamment agrandi pour être divisé en provinces, le supérieur général aura le pouvoir de créer les provinciaux par l'avis des pères discrets de la même province. *Art.* 16 *du premier chap.*, *page* 11.

car, robuste et plein de santé , on était inutile à la patrie ; vivant , on était mort pour elle , et si l'é-goïsme qui dictait l'abnégation qu'il faisait faire des dons de la fortune, rendait ce prétendu sacrifice avantageux à quelques individus de la famille de chaque victime, à combien de membres de la grande famille générale ne devenait-il pas à charge ?

Nous ne ferons pas valoir la *renonciation* aux délices du monde ; on sait ce qu'elle a coûté aux mœurs, et combien les vices lui ont dû leurs progrès dans tous les genres : d'ailleurs, l'expérience de tous les siècles passés et de toutes les parties du globe, nous a mis à même de l'apprécier à sa juste valeur, en nous faisant connaître les classes et le nombre de ceux qui y croyent *(3)*.

Si le *charlatanisme* fait le mérite , peu d'*ordres* en possèdaient plus que celui-ci : on épuisa tout ce que cet appareil peut avoir d'imposant. L'emblème de la mort les environnait, leurs paroles , leurs vètemens, tout portait la livrée de la mort. Semblables aux *hussards* de ce nom , ils ne paraissaient en public qu'avec leur uniforme mortuaire , et chacun d'eux desirait, et faisait tout ce qui était en son pouvoir pour porter long-tems , et avec honneur , cette marque caractéristique , tant ils étaient persuadés qu'on long combat rend la victoire plus glorieuse.

Enfin le signe de la mort était toujours devant

---

(1) On peut les réduire à deux, *Sots* ou *Fripons.*

leurs yeux ou dans leur bouche , sur leur habit, et
même jusques sur leurs lettres, dont le cachet mortuaire n'était qu'un diminutif du sceau de l'ordre.
Se rencontraient-ils , leur salut était un *memento
mori*, ou souvenez-vous, *frère, qu'il faut mourir*, ou,

> » N'oublions jamais , mon cher frère,
> » Que la douleur et la misère,
> » Du corps mortel que nous avons ,
> » Et de la terre où nous vivons ,
> » Sont l'appanage nécessaire.
>
> *Descart.*

En examinant leurs statuts , on est tenté de les
croire des saints , en supposant qu'ils fussent suivis ;
mais si l'on interroge l'histoire, on ne retrouve par-
tout que des hommes , et des hommes d'autant plus
pernicieux , qu'ils ont tout à combattre, et que for-
cés , par état, à garder un *décorum* qui contrarie
le vœu de la nature , ils ne sont ni assez forts pour
remporter cette folle victoire , ni assez fourbes pour
se masquer suffisamment, il en résulte pour la société;
des piéges de plus à craindre et à éviter , et pour eux,
un rafinement de jouissance dans tous les genres; les
excès leurs paraissent des délices , et la première
Circé qu'ils rencontrent ne tarde pas à leur faire
subir la métamorphose des compagnons d'*Ulisse.*
Faites-leur en le reproche , ils vous répondent :

> » Pain dérobé réveille l'appétit :
> » A tout pécheur, la loi qui l'interdit
> » Est un attrait, est une rocambole.
> » D'aller vers là , de revenir ici,

» Est-il permis ? quand on le veut ainsi,
» On s'en soucie autant que d'une obole ;
» Mais que la loi dise, je le défends,
» Nous y courons et notre cœur y vole.

Ducerceau.

Il en est aussi dont la conduite est presque impénétrable, et que Boileau peint bien, quand il dit :

» Un bigot orgueilleux
» Couvre tous ses défauts d'une sainte apparence.

Lorsqu'on recevait un religieux dans cet ordre, et après qu'il avait fait profession, et qu'il avait prononcé les vœux solemnels, on le mettait dans un cercueil couvert d'un drap mortuaire ; les choristes chantaient : *ne recorderis, Domine, peccata illius, dum veneris judicare sæculum per ignem* (4), et pendant que tout le chœur chantait le *deprofundis*, les religieux, chacun, à son tour, lui jettaient de l'eau bénite, en disant : *mon frère*, vous êtes mort au monde, vivez pour Dieu (5). Le *deprofundis* étant dit, on chantait le *libera*, avec l'oraison *inclina, Domine, aurem tuam*, ect. et au lieu de ses mots,

---

(4) Vous ne vous ressouviendrez pas, Seigneur, de ses péchés au jugement par le feu.

Prête l'oreille Seigneur, ect., et que tu as fait sortir de ce monde. Que du siècle tu as fait passer en religion. ect.

(5) Combien le sens de ces paroles est vain ! Qu'a besoin l'Etre Suprême que l'on vive pour lui, puisqu'au contraire, c'est lui qui fait vivre l'Univers, qui, en comparaison de sa grandeur, est moins qu'un grain de sable ? Mais on doit traduire ces mots ainsi : vivez pour vous seul, et dites que c'est pour Dieu que vous existez seulement ; cela vous dispensera de tous les devoirs et charges de la société.

quam de hoc sæculo migrare jussisti, on disait : *quem de transitorio sæculi ad religionem migrare jussisti*, après quoi le jeune profès, se mettant à genoux, étendait les bras en croix pendant que l'on récitait d'autres prières.

Formule de leur profession.

« Au nom de notre Seigneur, ect. Je N...... fais
» profession et promets obédience à Dieu tout puis-
» sant et à la B. V. Marie, à notre glorieux père
» Saint-Paul, premier ermite, et à vous mon révé-
» rendissime père, frère N...., et à vos successeurs
» canoniquement et légitimement créés, de vivre
» sans aucune propriété, et en perpétuelle CHASTETÉ ;
» selon les présentes constitutions et règles jusqu'à
» la mort ».

Lorsque dans le chapitre général, qui se tenait tous les trois ans, le nouveau général était *élu*, il promettait de faire observer cette règle et ces cons-titutions, en disant : « Je, frère N....., indigne su-
» périeur, promets à Dieu tout-puissant, à la B. V.
» Marie, au B. Saint-Paul et Saint-Augustin, et à
» votre révérence, père N....., et à vous mes révé-
» rends pères et frères, que, moyennant la grâce de
» de Dieu, j'observerai et ferai observer nos cons-
» titutions et règles sans gloses et à la lettre. Au
» nom du père, ect. »

Le grand sceau du supérieur général représentait Saint-Paul, ermite, avec une *tête de mort* au bas, *deux os en croix* au-dessous, et ces paroles autour :

Sanctus Paulus, eremitarum primus pater, me-
mento mori. (6) le petit sceau avait pour empreinte
une *tête de mort* seulement, avec *deux os en croix,*
et ces paroles autour : *memento mori.*

Le prieur de chaque couvent en avait aussi deux ;
l'un représentant *Saint-Paul ermite,* au bas duquel
était gravées les *armes de la ville* où le couvent était
situé, et l'autre, pour les lettres missives, avait
aussi une *tête de mort* comme le petit *sceau.*

l'habit.

Il consistait en une robe de gros drap gris, cendré
clair, qui descendait jusqu'aux talons, un manteau
de même étoffe et couleur ; mais qui n'allait qu'à la
moitié des cuisses ; un capuce un peu aigu, de drap
noir, tombant en rond sur les épaules, et se termi-
nant en pointe au milieu ; un scapulaire de même
couleur, large d'un pied et demi, et de la longueur
de la robe, au milieu duquel il y avait une tête de
mort avec deux os en croix au-dessous ; ils marchaient nuds pieds avec des sandales de cuir. L'habillement des frères laïcs était semblable à celui des
prêtres ; mais celui des frères convers était sans capuce, ils portaient le chapeau.

Aucun religieux, excepté le supérieur général,
n'avait le droit de porter le chapeau, et encore ce
dernier ne le pouvait-il porter que lorsqu'il voya-
geait.

---

(6) Saint-Paul, premier père *des ermites,* souvenez-vous qu'il
faut mourir.

Les novices n'étant distingués que par le scapulaire, qu'ils mettent par-dessus la mozette ou camail du capuce, nous ne les représentons pas. Le convers, est *fig.* n° 1, *pl.* n°. 6. Le frère, en habit ordinaire dans la maison, est *fig.* n°. 2; le même, en habit de chœur et de ville, *fig.* n°. 3. *pl.* 7. Et le général, *fig.* n°. 4, même *pl.* Il ne diffère du convers, qu'en ce qu'il a un capuce sous son chapeau, et que le convers n'en a point.

Ces figures sont imitées, avec l'agrément de l'auteur, de celles du Recueil de tous les costumes de J. Ch. Bar.

Pour les règles et constitutions, on peut consulter l'ouvrage de J. Ch. Bar. D'ailleurs, comme ce n'est qu'un tissu de pauvretés, semblables à toutes les autres règles, nous croyons faire grâce à nos lecteurs de leur en épargner l'ennui.

RÉCAPITULATION.

» Peut-on voir sans courroux, sans étonnement,
» Que des religieux nés pour la pénitence,
» Loin de se contenter du plus simple aliment,
» Consacrent tant de soins à bien remplir leur pance.

Baraton.

Cet ordre fut institué en France, au commencement du dix-septième siècle, on croit assez communément que ce fut à Rouen.

Son caractère distinctif, son usage principal, était *d'attrister* tous ceux avec lesquels ses membres vivaient, habituellement ou accidentellement, par

cette

cette phrase, tout au moins inutile, de *memento mori*, ou *souvenez-vous, frères, qu'il faut mourir*; car, en supposant qu'elle leur fut nécessaire entr'eux, pour se détacher de ce monde (7), s'ensuivait-il delà, qu'il fallait effrayer les femmes et les petits enfans, par ces lugubres mots qui leur déplaisent toujours, de telle manière qu'on les puisse prononcer ? d'ailleurs, y a-t-il rien de plus ridicule que d'entendre une voix sépulcrale sortir de la bouche d'un individu bien portant, dispos, à rouge trogne et à teint de chanoine (8), articuler ces mots funèbres, *il faut mourir?* On les leur eût tout au plus pardonnés, et on les aurait plaints, s'ils eussent été pâles, maigres, décharnés comme des squelettes ambulans, parce que, joignant l'exemple au précepte, on eût pu croire à leur démence, et dire avec la folie D'ÉRASME: « *il n'y a point de fous qui paraissent plus extra-* » *vagans, que ceux qui se sont livrés tout entiers à* » *l'ardeur de la piété chrétienne.* »

Si nous considérons l'institut, c'est comme un édifice adroitement combiné ; il leur permettait de demeurer *dedans* ou *dehors* des *villes*, ou même dans

---

(7) Ceci n'est que pure supposition ; car ils étaient aussi mondains que mortels puissent être ; en Pologne, ils souffraient que sous pré-texte de garder le portrait fabuleux du médecin *Luc*, l'évangéliste, représentant la Vierge, on mit des sentinelles d'honneur aux portes de leur cellules.

» O vanité des vanités !

» Combien le froc cacha de vanités !

(8) Voyez les *figures* nº 2 et nº 4, *planches* numéros 6 et 7.

Tome I.   F

les *bois*, d'y vivre *d'aumônes*, de *rentes*, ou de leur *travail*, si les deux premiers moyens ne venaient pas avec assez de promptitude ou d'abondance pour leur suffire; mais comme ce dernier précepte n'était qu'en supplément, on fit ensorte d'émouvoir assez la fervente charité des fidèles, pour n'être jamais dans la dure nécessité d'avoir recours à un moyen qui éloignerait trop des choses spirituelles, des âmes toutes consacrées au Seigneur; on y réussit. Cependant, il y a tout lieu de croire que cette triste et pieuse mascarade ne plût guères; car environ douze ans après les lettres de confirmation de Louis XIII, c'est-à-dire, en 1633, cet ordre était supprimé (9).

Les gens de bien durent prendre un deuil général; car sans doute la religion perdit beaucoup dans la suppression de cet ordre; il était d'une utilité morale reconnue; en effet, ses frères, toujours disposés à recevoir le fouet, ayant sans cesse la mort à la bouche, jeûnant outre mesure, et plus que l'église ne l'ordonne (10), devant visiter et soulager les

---

(9) Le pape Urbain VIII les suprima, et l'archevêque de Paris, *il y en avait alors*, les chassa. Ce pape fut élu le 6 août 1623, et mourut le 27 juillet 1644.

(10) Ils jeûnaient aussi l'avent, tous les mercredis et vendredis de l'année, et les trois derniers jours de la semaine sainte, au pain et à l'eau : ils ne mangeaient jamais de viande le soir, excepté les dimanches et fêtes de la première et seconde classe.

Voilà des gens bien à plaindre ! combien d'artisans laborieux, après avoir bien fatigué toute la journée, n'ont qu'un morceau de fromage, ou un peu de salade pour souper; nous parlons de ceux qui ne sont pas chargés de famille, car les autres n'ont souvent, pour se

malades et les prisonniers, ensevelir les morts, accompagner les criminels au supplice, et sur-tout ne cessant d'avoir l'idée de la mort présente et à présenter, devaient convertir le monde entier par leur exemple. D'après cela, il semble que cet ordre aurait dû exister le dernier, pour exhorter à la mort, et ensevelir tous les autres ordres.

Mais le destin voulut tout autrement.

Quand à son utilité publique, au bien qu'en recevait la patrie, en échange des dons multipliés qu'elle leur faisait, nous n'entrerons dans aucuns de ces détails, ce sujet est trop mondain pour nous occuper; d'ailleurs, elle est trop aisée à sentir cette utilité, pour que nous entreprenions de la démontrer; nous craindrions d'être toujours au-dessous de notre sujet. Nous laissons au lecteur éclairé et judicieux, le soin de la chercher et de l'apprécier.

CONCLUSION.

Cet ordre fut établi pour nourrir et vétir des individus, pendant le tems de leur voyage de la

---

délasser de leur fatigue, que le triste spectacle d'une famille jeûnant au pain et à l'eau, parce que des moines vivent à leur aise à rien faire. Quand il n'y aura plus, dans la république, de gens nourris à rien faire d'utile, on verra bien moins de malheureux, et même avec le tems, il n'y en aura plus.

La preuve est claire; des moines font des dépenses secrètes pour cacher le scandale, des propriétaires séculiers en feraient de publiques, et tout le monde en profitant, les ouvriers seront moins malheureux.

Plus de moines, plus de misère

terre au ciel; ce pélerinage ne fut pas long pour ceux-ci, car l'ordre dura peu;

> » Ainsi toujours prêt à changer,
> » Le monde inconstant et léger,
> » N'a rien de stable ni de ferme :
> » Tout suit d'éternels mouvemens ;
> » Et la mort est l'unique terme
> » Où finissent les changemens.
>
> *Tristan l'Ermite.*

Ses vertus, vertus toutes célestes! sont retournées dans leur patrie; on n'en retrouve pas de traces sur la terre, c'est pourquoi nous n'en parlerons pas. Son habit nous est connu, c'est un objet de curiosité ; nous le présentons pour effrayer les petits enfans , faire rire la jeunesse, et inspirer de la pitié aux gens sensés.

Les auteurs qui attestent son existence passée, sont :

Le père Hélyot, *Histoire des ordres monastiques, religieux et militaires , tom. 3, pag. 341 , in-4°. Paris , 1715.*

Histoire anonime des ordres monastiques. Berlin, 5 vol. in-12, pag. 55 , etc. tom. 3.

Bullarium Romanum , tom. 3 , anno 1605 , Romæ, 1638.

Règle et constitution des religieux de la congrégation de St.-Paul, premier ermite, en France, appelés vulgairement les Frères de la Mort , latin et français , in-16 , Paris , 1622.

Les mêmes , en latin , in-16. Paris , 1623.

L'Histoire ancienne de Rouen.

Et Bar *, Recueil de tous les costumes monastiques,
religieux, etc., avec fig. coloriées, in-fol. Paris,
1778 et suivantes.*

A l'égard de *l'ouvrage allemand,* copié d'après
ce *dernier,* nous n'en parlerons pas, parce qu'il
fait un mélange des ordres du même nom, quoiqu'ils
n'ayent aucune analogie; ce que le chapitre des
religieux de cet ordre prouvera : on peut consulter
son ouvrage, où il le confond avec celui des ermites
de *Saint-Paul, en Hongrie.*

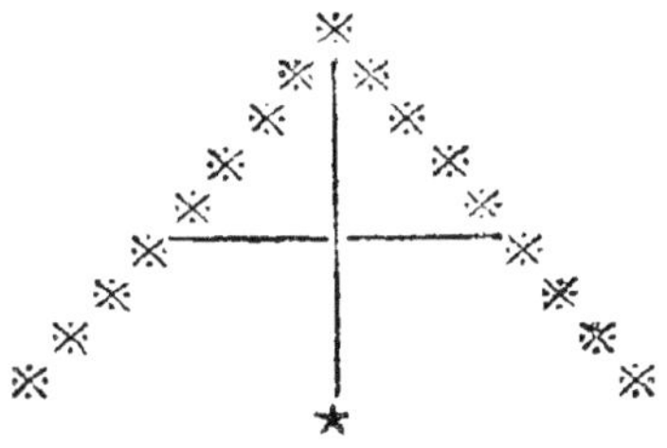

F 3

CHAPITRE X.

RELIGIEUSES TIERÇAIRES DE S. DOMINIQUE (1),

DITES DU CORPS DE CHRIST.

*Instituées à Venise, au commencement du 14e. siècle,
par deux sœurs de Thomas Thomassin, surnommé
Paruta, évêque de Feltri (2) et de Belluno (3).*

Ces religieuses vivaient dans une parfaite reclu-
sion, et, contre le vœu le plus doux de la nature,
loin du monde, vouées à l'inutilité la plus absolue,

(1) Ce prétendu saint, cet illustre inquisiteur, dont le nom fera
toujours frémir d'horreur les cœurs sensibles, amis de la paix et
de l'humanité, trouva plus expédient de traiter militairement ceux qu'il
appellait hérétiques, que de les persuader pour les convertir, ou de
les abandonner à leur aveuglement : c'est pourquoi, ne pouvant for-
cer les Albigeois à penser comme lui, il les fit brûler. Peut-on rien
de plus chrétien, et de plus conforme à ces paroles du Christ ?
» Mon joug est doux et facile à porter.
Voilà donc ces ministres d'un Dieu de paix, qui ne prêchent, que
le fer et la flame à la main ; pourquoi condamnent-ils Mahomet,
dont ils sont les fidèles imitateurs ?

(2) Ancienne ville d'Italie dans la marche Trévisane, capitale
d'un petit pays du même nom, avec un évêché suffragant d'Udine :
elle est située sur l'Asona, à seize lieues de Padoue et de Venise.

(3) Jolie petite ville d'Italie, capitale du Bellunez, dans l'état de
Venise, avec un évêché suffragant d'Udine ; elle est assez peuplée :

elles étaient incapables de produire de bons fruits ;
leur stérilité , décorée du nom spécieux de virginité,
était le seul titre qu'elles eussent à présenter en
échange de l'existence qu'elles recevaient ; le mépris du monde , leur unique science , les rendaient
si vaines, qu'elles ne considéraient qu'elles dans l'U-
nivers ; le génie étroit de leurs fondateurs en avait
fait des automates ou des êtres si abrutis , que le
cercle très-resserré de leur sphère leur semblait
immense; le débarras des inquiétudes mondaines leur
faisait croire que leur nullité était très-méritoire
aux yeux de la divinité, dont elle dégradaient l'image:
enfin , les plus délicieux sentimens que puissent
éprouver des âmes bien nées , des cœurs sensibles
leurs étaient inconnus; l'égoïsme le plus rebutant
leur paraissait une vertu préférable aux soins tou-
chans de la maternité. Semblables au mauvais serviteur de l'*évangile* , elles s'énorgueillissaient de
n'avoir pas fait profiter le *talent* (4) qu'on leur avait

---

elle est située sur la Piave , à sept lieues de Feltri. C'est la patrie
de Pierius Valerianus Bolzani , savant du seizième siècle , neveu du
précepteur de Léon X , et attaché à la maison des Médicis. Cet
auteur a laissé des ouvrages fort estimés.

(4) Le talent était une monnaie des anciens , qui variait selon les
lieux et la matière , car il y en avait d'or , d'argent , de poids et
de compte.

Le talent d'argent , chez les Hébreux , pesait 1500 onces , ou
125 livres de 12 onces , et vallait 5000 livres , argent de France
celui d'or valait environ 75000 livres , même monnaie.

Le talent Attique , ou Athénien , valait , selon quelques-uns ,
1800 livres , et selon d'autres , 3000 livres de France. Les Romains

confié, et semblables à lui, elles sont privées des bienfaits de la nature.

Les auteurs ont varié sur l'époque de leur origine. *Sansovino*, auteur *italien*, la place en 1309, leur donne pour fondatrices les deux sœurs de *Thomas*, qui y dépensèrent sept mille ducats, et *Marie-Marguerite Paruta*, abbesse, en dépensa cinq mille. Il y avait de son tems quatre-vingt religieuses de l'ordre de *Saint-Dominique*, sous la règle de *Saint-Augustin.* » *Il tempio consacrato al corpo di Cristo è*
» *abitato da monache al numero di* 80 *, dell' ordine*
» *di San Domenico, e regola di S. Agostino. Due*
» *sorelle di Thomaso Thomassini vescovo di feltre,*
» *l'anno* 1309, *lo fondarono con spesa di sette mila*
» *ducati : e Madona Margarita-Paruta badessa ve-*
» *ne spese cinque mila ; caduto poi l'anno* 1410. *in*
» *parte per una furia di vento, per laqual s'affog-*
» *garono* 45 *persone, si ristorò grandemente* ».

Sansovino , pagina 148.

---

avaient trois sortes de talens, l'un de 125 livres, le second de six vingt livres ou 120, et le trosième de 84 livres de poids.

Le talent de compte, chez les Hébreux, valait environ de vingt deux à trente sols, et celui d'or, dix livres, toujours censé monnaie de France.

Ceux de nos lecteurs qui desireront plus que ce léger apperçu, peuvent consulter avec confiance, Budée, le père Souciet, jésuite, Waiserus, le père Mersenne, le docteur Cumberland, Villalpandus, Morin, Bouterone, le rabbin Maïemonides, Compiègne et Ducange, auxquels on peut ajouter les sçavans modernes qui s'occupent actuellement des monnaies.

Il ajoute qu'en 1410, un ouragan furieux ayant détruit une partie de ce monastère, sous les ruines duquel quarante - cinq personnes périrent dans Venise, la majeure partie de ce désastre fut réparé par la reconstruction de la grande chapelle, que l'on embellit de divers ornemens, tels que le superbe maître autel, orné de bas-reliefs et de tableaux, élevé par *George Querini* ; le beau mausolée d'*Augustin* et *Marc Gradenighi*, patriarches d'*Aquilée* et de *Daniel Gradenighi*, leur conjoint, que l'on voit au-dessus de la grande porte, le tombeau du frère de nos fondatrices, mort en 1446, ainsi que celui de *Fantino Dandolo*, évêque de *Padoue*; et enfin des reliques, dont les plus précieuses sont le corps de Saint-Faustin, marytr, une main de Sainte-Vénérande, et un doigt de la réformatrice.

Cinquante-huit ans après l'établissement de cet ordre, *Catherine* de *Sienne* (5) y prit l'habit; elle y établit une austérité rigoureuse, et fit observer le silence le plus étroit. On peut croire que, pour des femmes, c'est un bien grand sacrifice !

> Quand de parler, l'on a tant l'habitude,
> Le silence doit paraître bien rude !

Aussi notre réformatrice le commandât-elle mieux qu'elle ne le pratiqua ; car non-seulement elle parlait assez et bien, mais elle écrivait encore abon-

---

(5) *Catherine de Sienne*, née en 1347, embrassa l'institut des sœurs de saint-Dominique, à l'âge de vingt ans ; après treize ans de profession, en 1380, elle mourut âgée de 33 ans.

damment et même avec grâce (6) : elle eût , dit-on ,
quelques talens (7), encore plus de folie ; ses pieuses
extravagances sont assez connues (8) : elle a aussi
joué un grand rôle dans les affaires politiques (9)

---

(6) Elle fit quelques traités de dévotion , et des lettres qui sont
purement écrites en italien : ses talens et ses écrits lui firent un nom
célèbre. Ses lettres parurent à Bologne en 1492 , in-4°, et tous ses
ouvrages ont été publiés à Luques et à Sienne , en 1713 , en 4
vol. in-4°.

(7) On lui attribue des poësies italiennes ; à Sienne , 1505 , in-8°.

(8) Ses révélations , son zèle et ses écrits lui firent une réputation
brillante ; elle parût par-tout avec éclat , et jouit d'un grand crédit
par son éminente piété , malgré sa jeunesse et ses visions ; tantôt
elle avait épousé Jesus-Christ, tantôt elle avait vu la Vierge. Une
imagination vive et échauffée par les jeûnes et les veilles . . . . . . ,
produisaient en elle des effets surprenans, si l'on en croit les écrivains mystiques en général, et Fleuri en particulier.

Œneas Silvius Piccolomini, son compatriote, pape, sous le nom
de Pie II , la canonisa en 1461 ; nous aurons occasion de parler de
lui ; jamais homme ne vérifia mieux le proverbe :

» Les honneurs changent les mœurs.
» *Honores mutant mores.*

Car *Pie* II désavoua tout ce qu'*Œneas Silvius* avait fait.

(9) C'était presque , mais dans un tout autre genre , la Théroïgne de
son tems.

Elle reconcilia les *Florentins* avec Grégoire XI , pour lors à *Avignon* : l'éloquence de la négociatrice fut si vive, qu'elle engagea le
pontife à quitter les bords du *Rhône* pour ceux du *Tibre* :

» Mon intention, *lui dit-elle* , est d'accorder les partis qui sont
» divisés, de prévenir les désordres affreux qui sont sur le point d'é-
» clater, et de ramener, autant que le permet l'état actuel de l'Eu-
» rope, les différentes nations aux vrais principes dont elles se sont si
» fort éloignées (a) ».

(a) *ALGAROTI.*

de ces tems-là : jeune et ardente , elle ne cessa de

Le *jeune pontife* l'écouta comme un oracle, il lui dit, ou le pensa ;

» Que vous allumez dans mon sein ,
» Cette flamme pure et sublime ,
» Que la vertu nourrit d'estime !
» Dévoré de sa sainte ardeur,
» Ma bouche, en soupirant , l'exhale.
» Du feu sacré l'autel est dans mon cœur,
» Et vous en êtes la vestale.

Desmoutier.

En 1377 , il quitta la France ; *Rome* le reçut avec transport ; mais soit *déplaisance* ou *légèreté* , les Français, jadis, étaient volages : après un séjour d'un an, il se disposait à revenir au sein de sa patrie ;

» Car notre cœur jusqu'au dernier soupir,
» Toujours vers cet objet pousse quelque desir ;

Corneille.

Lorsque la mort vint un peu changer son projet, à peine avait-il 17 ans ; il faut convenir que, pour un souverain , c'est bien dommage de mourir si jeune ; mais la mort entend-elle raison ?

» La mort a des rigueurs à nulle autres pareilles ,
» La cruelle qu'elle est, on a beau la prier,
» Se bouche les oreilles et nous laisse crier.

Cette inflexible cruauté nous désole ; mais aussi . . . . . .

» Le pauvre en sa cabane, où le chaume le couvre,
» Est sujet à ses loix,
» Et la garde qui veille aux barrières du Louvre,
» N'en défend pas les rois.

C'est ce qu'Horace dit avant *Malherbe* ,

» *Pallida mors æquo pulsat pede pauperum tabernas ,*
» *Regumque turres :*

Horat. , Od. IV.

Enfin, tant d'égalité nous console.

tourmenter ses religieuses ; elle en fit des victimes de son zèle extatique ; semblables à ces jeunes colonels qui, jadis, comptaient pour rien toutes les difficultés et la peine de leurs soldats, pourvu qu'ils en tirassent de la gloire ; elle ne réfléchissait pas que lorsqu'on ordonne, tout paraît aisé ; mais que,

> Dans la fougue de l'âge :
> On devrait essayer
> Ce qu'on peut commander,
> Ce qu'on met en usage.

Mais, au printems de la vie, quelle est notre expérience ! Religieuse à 20 ans, morte à 33, on peut dire qu'elle réalisa cet adage,

» *Quidquid delirant reges, plectuntur achivi,*

Que le bon Lafontaine a si bien rendu par ces vers,

» On voit que de tout temps,
» les petits ont pâti des sottises des grands.

Elle pratiqua le despotisme le plus absolu ; elle assujettit ses religieuses à vivre dans la plus grande obéissance, et toujours sous clôture ; mais elle était loin de leur en donner l'exemple.

Selon leurs constitutions, leurs chemises sont de serge, leur lit est une paillasse, le plus souvent une seule planche ; elles jeûnent sept mois de l'année, et pendant les cinq autres, elles ne peuvent manger de la viande que par ordre du médecin. L'oraison mentale pendant deux heures, les matines la nuit, et tour-à-tour, nuit et jour devant le saint-sacrement, sont de rigueur.

Leur habit consiste en une robe ou tunique, dont les manches sont médiocrement larges, et tombent vers les poignets, et un scapulaire assez ample, qui descend 'presqu'au bas de la *robe*; leur guimpe fait plusieurs plis sous le menton et sur la poitrine, et n'est pourtant pas dénuée d'une certaine grâce pour des yeux mondains, lorsqu'elle couvre un peu d'embonpoint. Tout leur vêtement est blanc, et de laine; elles n'ont de noir que le voile, il leur couvre les yeux, une partie du nez, les épaules et la moitié du haut des bras.

Leur chaussure est composée de chaussettes de laine et de sandales ou socles de bois, attachées aux pieds par une large courroie de cuir; ce que nous représentons par la *fig.* n°. 1, *pl.* n°. 5, que nous avons imitée des pères Bonanni et Hélyot, et de J. Ch. Bar.

Le père Hélyot, homme du métier, en fait un grand éloge; il dit qu'en 1714, les constitutions étaient observées à la rigueur.

Il existe encore dans les Pays-Bas, la Flandre, le Brabant et beaucoup d'autres lieux, non compris le Portugal, les Espagnes et l'Italie, quantité de ces recluses,

> » Qui dans un état heureux,
> » Sans connaître l'agriculture,
> » Attendent tout de la nature
> » Et de la bonté des cieux.

d'Ussieux.

CONCLUSION.

Un tel ordre doit être un de ceux que tout bon gouvernement doit proscrire des premiers; car si l'on a prétendu, avec raison, que les tortures des criminels étaient en pure perte pour le bien public, dès qu'elles n'étaient plus ostensibles, à plus forte raison, à quel but peuvent conduire les tourmens journaliers des innocentes victimes de la cupidité des parens, du despotime des supérieures, trop souvent altières et presque toujours, excessivement exigeantes, de la malignité inévitable des compagnes, et des misères inséparables du cloître, où l'amitié est encore à pénétrer ?

Peu connaissent les supplices de ces sépulcres, beaucoup les ignorent, et la majeure partie ne jugeant que sur les fausses apparences, croit même à leurs prétendus délices ; c'est par cette ignorance fatale, par ces appas trompeurs, que l'erreur se propage, et que les recrues se continuent.

Les auteurs qui parlent de cet ordre, sont :

Sansovino, *Venetia città Nobilissima e singolare descritta, etc., pagina* 148 *al verso, in*-4°. *Venetia,* 1604.

Bonanni, *ordinum religiosorum catalogo, caput* 45, *in* 4°. *Romæ*, 1723.

Hélyot, *Histoire des ordres religieux, etc., tom.* 3, *pag.* 255, *in*-4°. *Paris*, 1715.

Schoonebeeck , *Histoire de la fondation des religieuses , etc. , pag.* 118, *in-8°. Amsterdam,* 1700.

J. Albrizzi , *forestiere illuminato intorno le cose più
rare , e curiose antiche e moderne, della città di
Venezia , e dell' isole circonvicine, etc. , pagina*
182 , *in-8°. Venezia,* 1711.

Dictionnaire d'Italie , tom. 2, *pag.* 301 , *in-8°.
Paris,* 1777.

Dictionnaire géographique , etc.

Et J. Ch. Bar , *Recueil de tous les costumes monastiques , religieux et militaires de toutes les nations , etc., in-fol. fig. coloriées.* Paris , 1778 *et
suivantes,* 1789 , *etc.*

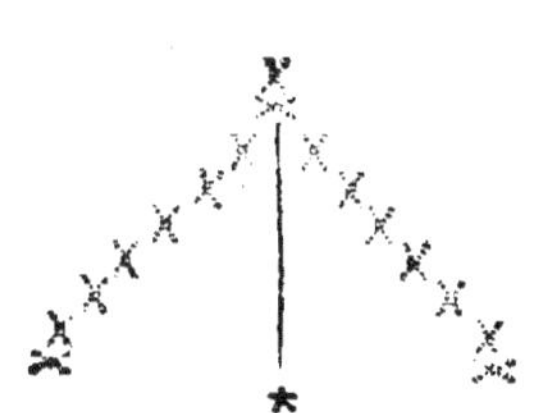

CHAPITRE XI.

PÉNITENS DE NOTRE-DAME DE MONT-CARMEL,

A ROME,

Etablis en l'église de Sainte-Marie-des-Monts, vers la fin du seizième siècle, ou au commencement du dix-septième.

CETTE mascarade ne diffère des autres, que par la couleur du domino qui la caractérise ; car pour les devoirs et l'utilité publique, c'est absolument la même chose ; l'on peut seulement, par addition, appliquer à plus d'un de ses membres, le portrait suivant,

> Presque saint à l'église ,
> Plus qu'Arabe au comptoir ;
> Corsaire auprès de Lise ,
> Pédéraste au trotoir.

Dans le principe, tous les pénitens sont les mêmes ; les nuances seules qui les distinguent, rendent quelques-uns d'eux assez curieux à faire connaître, pour en amuser un instant le lecteur réfléchi.

> » C'est contre le péché que leur cœur se courouce ;
> » Et l'intérêt du ciel est tout ce qui les pousse.
> *Moliere.*

Aussi,

Aussi, les voit-on suer sang et eau pour corriger les vices de leur prochain, pour exhorter les criminels à passer de ce monde en l'autre; mais ils n'ont pas le même soin pour eux; cette abnégation de soi, pour se livrer en entier au salut du prochain, est sans doute bien louable, aussi fait elle toute leur gloire.

Les confrères qui furent associés à cette confrairie, eurent d'abord une chapelle dans leur église de Sainte-Marie-des-Monts; mais ne se trouvant pas assez libres dans leurs importans exercices, ils firent bâtir un oratoire au mont Magnanopoli, où ils s'assemblent pour y réciter en commun l'office de la Vierge (1), et y faire célébrer les offices divins.

Cette confraternité fut instituée sous le bon plaisir du pape Clément VIII (2); elle fut établie dans l'église de Sainte-Marie-des-Monts, qui appartient aussi aux Carmes, mais qui ne dépend d'aucune

---

(1) Tandis que la piété de leurs épouses négligées se tourne vers un moderne Gabriel, qui met à profit les instans pour célébrer avec elles le mystère de l'incarnation; car,

> L'on sait que dans ce pays,
> Le goût pour les ganymèdes,
> Y fait grand tort aux lais.
>
> » Qui si sà ch' i ganimedi
> » Han le laidi bandito.

Sant-Amante.

(2) Clément VIII fut élu pape en janvier 1592, et mourut en mars 1605. Ainsi voilà à-peu-près l'époque de l'origine de cette confrairie.

autre congrégation ni province , étant immédiatement soumis au général des carmes.

C'est une chose merveilleuse ! tous les dévots
aiment l'indépendance pour eux , mais ils veulent
dominer par tout.

Cette confrairie n'a le titre d'archi-confraternité
qu'*ad honores*, car elle n'en a pas les privilèges ;
le général de l'ordre des carmes s'est réservé le droit
d'aggréger à celle-ci, par lui-même ou par des com-
missaires nommés à cet effet.

Leur habillement consiste en un sac de couleur
tanée ou carmelite foncée , auquel est attaché un
capuce qui couvre le visage , descendant en pointe
jusqu'à la ceinture , et n'a que deux trous pour voir
et n'être pas vu. Leur ceinture est de cuir ; ils ont
sur les épaules un camail ou mozette de serge
blanche.

Ce que nous représentons par notre *fig*. n°. 2,
pl. n°. 8 , que nous avons imitée du père Hélyot et
du citoyen Bar.

CONCLUSION.

Cette confrairie est une de celles dont la ville de
Rome fourmille ; c'est avec ces hochets mystiques
que la théocratie romaine amuse les hommes à qui
de semblables joujoux suffisent. O Romains , anciens
Romains ! où êtes vous ?

  » D'impertinentes simagrées
  » Ils fardent la dévotion ;
  » Par leur sale inclination ,
  » Les bonnes mœurs sont dénigrées.

» Pourvu qu'un autel soit orné,
» De maint *ex-voto* griffonné,
» Un saint leur en doit bien de reste ;
» Et cependant à ce tableau,
» La piété la plus modeste,
» Rit et critique de nouveau.

St.-Amant.

» Di smorfie impertinenti
» Belletan la divozione,
» Con la lor mala inclinazione
» I costumi son delinquenti.
» Pur che sia un' altar' ornato,
» Di molti *ex voto* impiastrato,
» Basta al santo per la festa :
» Sotto cappa à quadri tali
» La pietà la più modesta
» Ride, e dice molti mali.

Sant-Amante.

Nos auteurs sont :

Bartolomeo Piazza, Bonanni, le père Hélyot, St.-Amant, J. Ch. Bar, etc.

CHAPITRE XII.

ERMITES DE S.-JEAN DE LA PÉNITENCE (1),

AU ROYAUME DE NAVARE,

Dont on ne connaît pas l'origine ni le fondateur.

L'EXTÉRIEUR rude et sauvage de ces ermites, fait un contraste frappant avec le caractère doux, affable et poli des Navarrais.

Cette mascarade, dont quelques-uns ne sont plus la dupe, les met en vénération chez les femmes en général, et particulièrement chez les vieilles; quelques jeunes clairvoyantes leur en accordent aussi, à raison de leur mérite personnel.

L'origine de cet ordre est si obscure, que ses religieux mêmes n'en avaient nulle connaissance; car Maurolico, qui, au commencement du dix-septième siècle, vit à Rome frère Jérôme Henriquez, religieux profès de cet ordre, n'a pu en savoir autre

______

(1) En Espagne, en fait de religion, l'on aime un peu les extrêmes, aussi, pour faire allusion à la croix que les peintres mettent à la main de Saint-Jean-Baptiste, ces ermites on cru, avec quelque vraisemblance, qu'elle serait mieux au cou qu'à la main, en la portant, surtout, d'une grosseur marquante, pour mieux attirer les regards et l'argent.

chose , sinon , que vers la fin du seizième siècle , sous le pontificat de Grégoire XIII , le supérieur ou prévôt fut à Rome , et obtint du pape la confirmation de son ordre , l'approbation de leurs constitutions , et la permission de faire des vœux solemnels.

Qu'ils avaient cinq ermitages , dans chacun desquels il y avait huit ermites.

Le premier de ces couvens , qui était chef de la congrégation , s'appelait Saint - Clément - le - Vieux , le second , Sainte-Marie-du-Mont-Serrat , le troisième , St.-Barthelemy , le quatrième , St.-Martin , le cinquième et dernier , St.-Fulgence.

Dans l'origine , ces ermites étaient très - austères (2) ; ils marchaient nuds pieds , sans sandales ;

______

(2) La véritable austérité , et la seule utile , c'est celle des mœurs publiques , elle amène naturellement celle des mœurs particulières ; qu'importe à la patrie , que quelques individus qui font des tours de force pour avoir leur cuisine mieux fondée , mangent peu ou beaucoup , dorment par intervalles , ou la nuit toute entière , s'ils sont inutiles , comme en général , l'ont toujours été les moines.

Le gouvernement ira-t-il s'informer si tel ou tel artisan veille ou dort , s'il travaille ou se repose , pourvu qu'il contribue , selon son pouvoir , aux charges de l'état ? La conduite privée , lorsqu'elle ne choque pas les loix , est très-indifférente ; mais les moines qui ne l'ignoraient pas , ont paré le coup , en rendant leurs singeries publiques , afin d'attirer , par ce moyen , de quoi remplir la marmite.

Leur zèle , toujours ardent pour la gloire de Dieu et leur salut , ne s'étendait pas plus loin qu'eux ; ils n'omettaient rien pour ce qui leur était personnel ; mais contribuaient-ils aux besoins de l'état ? ho , non ! ils n'etaient pas de ce monde pour donner ; ils n'en ont jamais été que pour bien recevoir ; c'est pour eux , le bien suprême et la vraie source du

ils étaient vêtus de bure , et ne portaient point de linge ; ils couchaient sur des planches , n'ayant d'autre oreiller qu'une pierre (3); ils demeuraient seuls dans des cellules séparées les unes des autres , au milieu d'un bois , à sept lieues de la ville.

Ils gardaient le silence , mangeaient seuls , ne vivant que de légumes, n'usant de vin que rarement; le supérieur ne leur permettait que dans les maladies seulement , l'usage de la viande.

---

bonheur et des plaisirs de ce monde, qu'ils prennent toujours à compte sur ceux de l'éternité.

(3) Le laboureur fatigué , qui se repose au milieu de son champ, a-t-il toujours une pierre pour hausser sa tête ? L'ouvrier en bâtimens qui dort sur son ouvrage, a-t-il autre chose pour se reposer ? Le soldat qui combat pour la patrie, harassé, mouillé jusqu'aux os, et souvent mal nourri, n'a pas toujours, non-seulement des planches pour lit, mais de la paille ; et si, dans sa disette, la terre était toujours sèche quand il s'y repose, il serait content; mais quand la fatigue l'endort au milieu de la boue, que souvent après un court sommeil, le danger l'éveille à demi-glacé, les membres engourdis, presque insensibles, qu'il accumule par ses pénibles travaux, le germe des maux qu'attend la vieillesse, en va-t-il moins à la gloire, et souvent à la mort? le nourrit-on à rien faire ? la patrie juste, n'assure l'existence qu'à ceux qui n'y peuvent suffire, ou que le sort de la guerre a mutilés ; et des moines vigoureux et sains, vivront dans la paresse et l'aisance, non ; c'est une monstruosité !

Un prélat dévore en un an, pour ses plaisirs et le scandale de la religion qu'il professe, ce qui suffirait pour nourrir un régiment, ou des militaires infirmes, qui ont bien mérité de la patrie ; tandis que lui, tout son mérite est dans son inutilité.

Un évêque de Strasbourg n'avait pas assez de quinze cents mille livres pour vivre sans faire de dettes! Quinze cents militaires couverts d'honorables cicatrices, se trouveraient heureux avec une semblable somme , et un seul individu , inutile encore, ne le fut pas !

Ils récitaient l'office en commun , dans une église qui était au milieu de l'ermitage.

Ils se donnaient la discipline (4) trois fois la semaine , et tous les jours en carême , pendant lequel ils jeûnaient, au pain et à l'eau, trois fois la semaine.

Il y avait parmi eux quelques prêtres (5) , et qui s'adonnaient aux lettres sacrées (6) , mais qui ne

---

(4) Il vaut mieux observer la discipline , que de se la donner ; mais , dans les couvens , c'est précisément le contraire. Le plus souvent on n'y connaît que le nom de l'une et de l'autre : nous en parlons très-savamment.

(5) Ce qui prouve que la majeure partie de ces individus était grossière et sans éducation. Pourquoi ces pieux fainéans quittaient-ils la culture des champs, la seule chose à laquelle ils fussent propres, pour venir, sous prétexte de vocation et de salut, se vouer à la paresse du cloître ?

La réponse est facile. Dans les champs, qui pourtant payent avec usure le plus léger, mais assidu travail, personne ne nourrit à rien faire ; conséquemment, celui qui a cet heureux penchant à la paresse , ne pouvant se résoudre à mourir de faim , est forcé de se sentir de la vocation pour le cloître , où il est assuré de trouver le nécessaire , moyennant quelques paroles magiques , qu'il ne sera pas même dans l'obligation d'étudier.

Car on peut bien, à bon droit, regarder comme magiques, des paroles qui ont le pouvoir ou la vertu d'engager la partie saine et laborieuse d'une nation à se défaire d'une portion de son superflu, et quelquefois même du nécessaire, pour nourrir des fainéans : on peut dire du nécessaire ; car il est prouvé que le malheureux est le plus charitable, le plus compâtissant, en ce qu'il connaît la souffrance, tandis que le riche , souvent distrait, oublie quelquefois qu'il est des malheureux.

(6) En Espagne, et dans les siècles passés sur-tout , cette étude se bornait à compulser et commenter quelques légendes dorées, et à en composer des ouvrages mystiques ou du même genre : car le catalogue des savans Espagnols de ces tems-là n'est pas long à parcourir ;

prêchaient ni ne confessaient (7) : ils étaient soumis à un provincial.

L'habit de cet ordre, est une tunique de gros drap, de couleur léonine ou tannée, une ceinture de cuir, avec un manteau très-court, un scapulaire, le tout de la même couleur. Ils allaient nuds pieds, sans sandales, ne coupaient pas leur barbe, et portaient, jour et nuit, une grande croix de bois (8) sur la poitrine. Voyez la *fig.* n°. 3, *pl.* n°. 9, que nous avons copiée d'après les auteurs cités à la fin de ce chapitre.

La croix qui est, par excellence, le signe du chrétien, est devenue, dans cette même religion, par l'abus qu'en ont fait les prêtres, d'abord un signe et un point de ralliement, puis une marque de dignité, ensuite d'orgueil, et souvent aussi un moyen de charlatanisme (9), chez le clergé en géné-

---

mais il n'en est pas de même des écrivains à la foule, dont ce pays regorge, et sur-tout pour les ouvrages de piété. Si jamais la philosophie et la liberté règnent en Espagne, on pourra croire alors aux phénomènes.

(7) Il eût été à desirer pour les mœurs, que tous nos moines en général en eussent fait autant; la confession auriculaire, inutile et ridicule en elle-même, et n'ayant été inventée que pour maintenir le despotime du trône et l'autorité de l'église (a), ne serait pas devenue, dans bien des cas, par l'immoralité de ceux à qui l'on confiait cette fonction, un moyen trop assuré de séduction; nous avons malheureusement là-dessus des données trop certaines.

(8) Voyez l'article de cette croix, dans ce chapitre, pag. 107.

(9) Un capucin prêchait à Rome, sur une place publique; en face

---

(a) *Et dans tous les genres de despotismes possibles; car, de quoi ne se mêlait pas l'église !*

ral , et les moines en particulier , et sur-tout chez ceux dont nous traçons ici deux mots d'histoire.

En effet , la très-grosse croix que ces moines espagnols (10) portaient devant eux et pendante à

---

de lui , mais plus loin , était un charlatan qui , avec ses marionnettes , attirait le peuple pour lui débiter son orviétan : dupe de la concurrence , le moine feignit de ne pas s'en appercevoir ; mais dans un instant où son antagoniste respirait , il s'écria de toutes ses forces , le voilà , le voilà , le véritable polichinel ; le peuple se retourne et accourt , il est toujours le même ! le nouveau lui plaît ; aussi-tôt notre séraphique tire de sa manche une croix , la lui montre , répettant , le voilà , le voilà , le véritable polichinel. Un peu de honte d'avoir été pris pour dupe , autant de curiosité , le peuple n'osa pas s'en retourner , il entendit le sermon du capucin.

Ce moine avait oublié , sans doute , ou n'avait peut-être jamais lu Isaïe , qui dit clairement , en parlant du Christ :

» Mon serviteur est discret , pacifique ;
» Il n'éclatera pas dans la place publique.

Quel que soit le motif ; cette manière est-elle digne de la majesté du christianisme , que ses prêtres annoncent venir de Dieu même ? *Le créateur du ciel et de la terre a-t-il besoin de la ruse de quelques individus , pour propager ses volontés chez les humains ?* s'il en était ainsi ; que serait donc sa toute-puissance ! Mais,

» Invisible à nos yeux , il règne en notre cœur ,
Et jamais capucin ne fut son précurseur.

(10) La Navarre forme un petit royaume entre la France et l'Espagne ; on le divise en haute et basse Navarre. La haute appartient à l'Espagne , elle est bornée par les Pyrennées , et a environ trente lieues de long , sur vingt-quatre de large. C'est une des plus belles provinces d'Espagne , et la seule où les chemins soient beaux.

Ces chemins sont l'ouvrage du comte de Gache , qui en a été vice-roi. Il a fallu fendre le cœur des montagnes , et surmonter de grands obstacles pour mettre ces chemins dans l'état où ils sont.

leur col, ne ressemble pas mal à ces espèces de grosses quilles que, pendant le jour, les fermiers mettent au cou de leurs chiens de basse-cour, pour les empêcher de courir sur les passans.

Ce ridicule accoutrement gêne la marche de ces imbécilles anachorètes, et leur donne un air, plutôt ridicule et bisare, que grave, et ne les rend pas plus utiles à la société.

Il faut convenir que ces individus ont une bien faible idée de l'Être suprême, pour croire que toutes ces puérilités peuvent lui être agréables; il faut convenir aussi, que l'idée majestueuse d'un créateur de l'univers se peint dans leur étroit cerveau d'une manière bien plus analogue à l'exiguité de leur existence, qu'à l'étendue incommensurable de la sienne.

> Ne pouvant le comprendre, et voulant l'expliquer,
> On le dénatura pour en mieux raisonner.

De-là, naissent toutes ces singeries superstitieuses,

L'air y est plus doux, plus tempéré et plus sain que dans les provinces voisines d'Espagne : le terrein, quoique hérissé de montagnes, ne laisse pas d'être assez fertile : il abonde en gibier de toute sorte, et en mines de fer.

Les Navarrois sont polis, adroits, spirituels, laborieux et très-propres aux sciences et aux affaires.

La basse Navarre, dont Saint-Jean-Pied-de-Port est la capitale, appartient à la France, et ne comprend qu'un district, *au lieu que la haute en a cinq ;* elle est séparée de la Navarre espagnole, par les Pyrennées : c'est un pays montagneux et presque stérile ; il a huit lieues de long, sur cinq de large, et comprend 102 communautés : dans la ci-devant élection d'Auch, aujourd'hui département du Gers.

toutes ces confrairies, et par suite, toutes ces quêtes et tous ces troncs en l'honneur de Dieu et des saints; puis leurs revenus fondés sur la crédulité des peuples, et que les prêtres seuls consument.

Si le despotisme et la crédulité, jadis, les enrichirent, la lumière et la liberté doivent nécessairement les ruiner sans espoir de retour. Nos descendans ne comprendront plus ces beaux vers de Voltaire ;

» Des prêtres fortunés, foulent d'un pied tranquile,
» Les tombeaux des Catons, et la cendre d'Emile.

Assez souvent le climat, et presque toujours une ferveur ignorante, ont fait naître l'usage de ces pénitences ostensibles, et l'industrieux charlatanisme, actif à profiter de la crédulité, pour vivre aisément des travaux des autres, l'a conservé.

Ces croix, qui paraissent si embarassantes, peuvent être comparées à ces instrumens de musique, dont le poids n'est pas en raison de leur volume ; et semblables en produit à ces mêmes instrumens, elles rapportent d'autant plus, que l'on a plus de talent à les faire valoir.

Avec le tems, qui perfectionne tout, quelques-unes de ces croix, que les bonnes âmes voyent avec peine surcharger ces moines, sont devenues si artistement faites, qu'elles servent de secrétaire ambulant et de porte-manteau à ceux de ces frocards adroits qui savent en tirer parti ; elles sont creuses toutes, et par le moyen d'ouvertures à coulisses

pratiquées par derrière ou sur les côtés , elles deviennent un meuble utile dans plus d'un genre.

CONCLUSION.

Cet ordre , dont l'origine est ancienne , mais inconnue, a fleuri dans les tems d'ignorance , et dans
un pays où le fanatisme est une vertu ; en Espagne,
au royaume de Navarre , il était en vigueur au dix-
septième siècle ; et l'on sait combien , dans ces
régions brûlantes , les moines ont de puissance.
Toute l'utilité de celui-ci , et tout son mérite se
borne à avoir nourri le plus long-tems , et le mieux
qu'il a pu , des êtres sots , ignorans, paresseux,
sales et cagots.

La patrie reconnaissante lui devrait un monument, ou du moins une médaille; car,

> » Une médaille est dans nos mœurs,
> » Ce que jadis était un temple.
>
> *Voltaire.*

Nos auteurs sont :

Maurolico , *overo* Maruli, Fialetti, Schoonebeek,
Hélyot et Bar.

CHAPITRE XIII.

CHANOINES RÉGULIERS

DE S. MARC DE MANTOUE,

Institués par Albert Spinola (1), vers la fin du douzième siècle.

CET ordre, comme tous les autres du même genre, a commencé par montrer beaucoup de ferveur : et comme le peuple a toujours été dupe de cette sorte de jonglerie (2), il a cru devoir être le père nou-

---

(1) Ce n'est pas le Spinola , fameux capitaine Espagnol , qui brillait au commencement du dix-septième siècle , et dont la noble franchise trompa la finesse de Henri IV ; ce qui , après l'événement , fit dire au roi de France : « Les autres trompent par des mensonges , et « celui-ci m'a abusé en disant la vérité ».

Ce n'est pas non plus le Spinola , jésuite-missionnaire au Japon , parent du capitaine , et qui fut brûlé vif pour la religion , à Nangasaki , le 10 septembre 1622.

C'est tout bonnement le Spinola , prêtre Mantouan , qui n'a d'autre mérite que celui d'avoir fondé cette inutile congrégation , et d'en avoir été le premier supérieur.

(2) C'est un dérivé de jongleur , nom que l'on donne aux bateleurs et aux histrions ; et l'on appelle jongleries les farces de ces charlatans. Ce mot était en usage en 1300.

Jadis des poëtes ambulans , toujours bouffons , misérables , qui ne composaient que de petits ouvrages qu'ils alloient réciter chez les grands , étaient nommés jongleurs,

ricier de tous ces pieux fainéans, qui, en reconnaissance de ses bienfaits, lui promettaient de lui faci-
liter l'entrée du paradis.

Les bourgeois de Mantoue, jaloux d'avoir une
bonne place dans le ciel, donnèrent à cet ordre
naissant un terrein contenant des vignes et une
chapelle ; non-seulement ils lui abandonnèrent leurs
droits de patronage ; mais ils joignirent encore le
don de quelques terres, tant pour la construction
que pour leur entretien journalier, à condition que
le tout serait sous la protection de Saint-Marc. Ces
chanoines acceptèrent la propriété : ils travaillèrent
si bien l'esprit du bon peuple, qu'ils en obtinrent
encore beaucoup d'autres, dont ils jouirent même
assez long-tems, quoiqu'on prétende que le bien
mal acquis ne profite jamais.

> » L'adroite hypocrisie exige des humains,
> » Non le culte du cœur, mais l'offrande des mains.
>
> *Helvétius.*

Ils en reçurent de ces offrandes, et l'aisance fut
le prix de leurs dévotes intrigues ; mais elle refroi-
dit leur zèle : elle amena l'irrégularité, puis la licence
et toute sa suite ; enfin, leurs mœurs ne furent
pas moins scandaleuses que celles du clergé en
général ; et l'on sait que si le clergé italien surpasse

A présent, en Amérique, on donne encore ce nom aux devins
des sauvages.

On croit que ce nom vient du latin *jaculator*, dont on a fait jacu-
lateur, duquel on ne se sert plus. Il dérive de *jocus*, jeu, plaisanterie.

en vices tous les autres clergés, le clergé de Venise l'emporte encore sur le clergé d'Italie (4).

Voilà les êtres que les peuples nourrissent à rien faire ; tel était le sort des nations, quand les préjugés religieux les aveuglaient pour les maîtriser: elles croyaient que des hommes voués à un genre de vie impossible à des humains; mais qui, en cela, leur paraissait d'autant plus méritoire, devaient jouir d'une grande considération : elles croyaient que ces êtres, dangereux dans tous les genres, avaient le privilége de communiquer avec l'Etre suprème, tandis que leur conduite, leurs mœurs, devaient suffisamment prouver le contraire; mais.......

» Qui des décrets du ciel se dit dépositaire,
» Peut toujours à son gré commander au vulgaire.

Helvétiu .

Elles croyaient enfin, tant les préjugés ont de force, quand ils sont enracinés dès l'enfance, que c'était un crime de se servir de sa raison, lorsque l'église vous recommande expressément le contraire; car,

» On ne lui vit jamais que sujets imbéciles,
» Contre un clergé puissant défenseurs inhabiles.

Idem.

Il leur semblait que cette volonté était émanée du ciel, que c'était l'arche des Hébreux, qu'on

---

(3) Comme une grande partie de leurs monastères était dans l'état de Venise, et que le régime vénitien est le seul, dans le monde, qui laisse autant de licence aux moines, on n'aura pas de peine à croire que le penchant monastique ait tourné de ce côté.

était frappé de mort pous ôser la regarder en face.

Tel était alors le pouvoir de l'église, de l'habitude, tel était le fruit des ruses ultramontaines.

Mais, grâces à la saine philosophie, le peuple sait à présent d'où provient sa longue et profonde ignorance : il sait que l'intérêt de la religion fut toujours le prétexte des vexations sans nombre que l'on fit éprouver aux gens éclairés, assez courageux pour vouloir faire ouvrir les yeux à la multitude : il sait avec quel acharnement le clergé a tourmenté Voltaire, et comme il l'a poursuivi, même au-delà du tombeau ; car, non-content de lui avoir refusé la sépulture, il a fait naître de plattes allégories, dignes fruits de la cabale et du cagotisme clérical ; cependant la mémoire de ce grand homme n'en a nullement souffert.

Il n'a pas oublié, ce peuple, que le résultat définitif ne fut pas heureux pour le clergé romain; ce clergé qui a la modestie de se dire, et peut-être de se croire universel, quand il ne domine, tout au plus, en calculant au plus fort pour lui, que sur la millième partie du globe.

Quoiqu'il en soit, ses criailleries eurent autant de succès, que le bourdonnement de la mouche du coche de la fable, on n'y fit pas attention : le char de Voltaire roula, et le clergé mouche, ne se vante pas que c'est à lui que l'on en a l'obligation.

> Malgré ses cris, le char nous réussit :
> Malgré ses cris, ce bon clergé périt.

RÉCAPITULATION.

RÉCAPITULATION.

Célestin III confirma cet ordre en 1194. Henri, évêque de Mantoue, posa la première pierre de son église, dans la même année, et la consacra sous le nom de Saint-Marc, selon la clause stipulée dans l'acte de la donation, faite par les bourgeois de Mantoue, et à condition qu'elle serait chef de l'ordre et qu'elle ne relèverait d'aucune autre église.

Quelques clercs s'y assemblèrent, et eurent pour premier supérieur, Spinola, le fondateur. Innocent III (4) approuva la règle en 1204; Honorius III la confirma, après l'avoir corrigée, et Grégoire IX en fit autant par sa bulle de l'an 1228, où cette règle est insérée dans toute sa teneur. Grégoire X, Jean XXII, Calixte III, Nicolas IV, et plusieurs autres pontifes, ont accordé des priviléges à ces chanoines.

En 1452, ils embrassèrent la réforme et la règle de Saint-Augustin.

Au commencement de leur institut, ils menaient une vie très-austère, ils couchaient sur des paillasses seulement, et ne portaient de linge qu'à l'extérieur. Ils étaient vêtus de laine; ils jeûnaient en-

---

(4) Mathieu Pâris, historien anglais, et moine, appelle Innocent III un lion pour la cruauté, et une sangsue pour l'avarice. Les Bénédictins, auteurs de l'Art de vériger les dates, blâment Pâris; mais ce sont des gens du métier, qui ne pouvaient pas décemment blâmer ouvertement le Saint-Siége, en la personne d'un pape, et partant, ils sont suspects.

core, outre les jours prescrits par l'église ; ils observaient le plus étroit silence ; ils avaient deux heures
de travail dans la journée, et ils n'admettaient pas,
avant dix-sept accomplis, à la profession.

Leur habit consistait en une soutanne de laine, un
camail, un rochet, un bonnet carré, une aumusse,
le tout blanc.

Dans la maison, ils ôtaient le rochet et l'aumusse,
et dehors, ils se servaient du manteau, aussi blanc.
Il paraît qu'ils ont porté la barbe ; car les auteurs
les plus anciens les représentent ainsi ; mais ceux
qui les ont copiés depuis, la leur ont supprimée.
Voyez la *figure* n° 4, *planche* n° 9.

Cette congrégation était composée d'environ dix-
huit ou vingt maisons d'hommes, et quelques-unes
de filles : elles étaient situées dans la Lombardie, et
dans l'état de Venise.

Après avoir fleuri pendant près de quatre cents
ans, elle diminua peu-à-peu, et se vit réduite à
deux couvents, d'où la régularité avait disparu.

Le monastère de Saint-Marc, chef de l'ordre,
fut donné par Guillaume, duc de Mantoue, aux
moines Camaldules, en 1584, du consentement du
pape Grégoire XIII.

CONCLUSION.

Pendant près de quatre cents ans que dura cet
ordre, si vous cherchez les monumens de son existence, vous trouverez qu'il a commencé en hypo-

crite , continué en sybarite (5) , et finit en sarda-
napale (6). Son histoire se borne-là.

Ses vertus furent l'égoïsme et l'o siveté ; cette dernière fit éclorre toutes les autres de sa suite.

> Prier, jouer, boire et manger ,
> Dormir, jouir et sans cesse tromper,
> Du chanoine c'est le métier.

Pour s'en convaincre, on peut consulter les auteurs
Scipion , Agnelli , Maffei , Penot , Math. Faris ;
Baronius , Morigia , Maurolico , Bonanni , Hélyot ;
J. Ch. Bar , ect.

____

(5) Gens efféminés , qui ne connaissaient d'autres occupations que
les plaisirs des sens , et la mollesse ; c'était le modele qu'avaient
pris nos jeunes seigneurs et nos abbés de condition. C'était des fats.

(6) Le nom de ce roi d'Assyrie , sert à désigner les gens qui se
livrent aux débauches les plus honteuses et les plus excessives dans
tous les genres possibles.

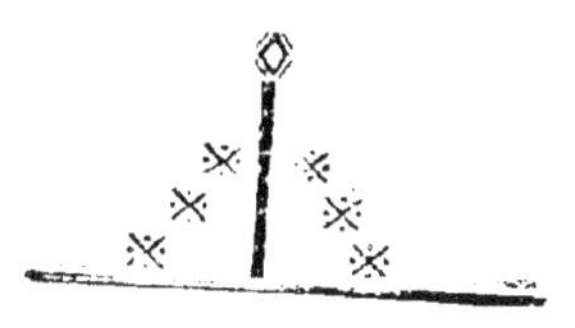

CHAPITRE XIV.
CAPUCINS, *
DITS FRÈRES MINEURS,

Établis à Camérino, par Mathieu Baschi (1),
en 1528.

Pour bien parler des Dieux, il faudrait être Homère.

IL n'existe point d'ordre dont l'origine soit aussi relevée : celui-ci n'est pas, comme le croyent les historiens profanes, l'ouvrage des hommes ; il est tout

(1) Mathieu Baschi est le véritable auteur des capucins, puisque c'est à lui qu'ils sont redevables de l'invention de leur marque distinctive, le célèbre capuchon pyramidal.

Voici l'origine de ce merveilleux, de ce vénérable capuchon ; il fut trouvé miraculeusement par Mathieu Baschi, en 1524. Un prêtre du couvent de Monte - Falcone lui fit voir le véritable habit de Saint-François : Mathieu, transporté de joie, et saisi d'un saint respect à la vue de cet habit vénérable, le baisa mille fois, l'arrosa de ses larmes, en prit la forme, la mesure et les dimensions, et s'en alla plein de cette idée : un songe vint achever ce qu'il avait si heureusement commencé, Saint-François lui apparût avec la même robe : Mathieu le reconnut d'abord,

      » Le souvenir, frère de l'espérance,
      » Lui rendit sa première ivresse.
Desmoutiers.

Aussi fut-il très-content de ce qu'il appellait une vision, cela le

* Voyez la notice sur l'origine de ce nom à la fin de ce Chapitre.

divin ! il n'a d'autre fondateur, d'autre propagateur que Dieu (2); oui , Dieu même a fait avec complaisance l'ordre étonnant des Capucins ; et, comme un autre Melchisédech , cet ordre est sans père, sans mère , et sans généalogie (3).

Les incrédules , la foiblesse humaine, n'ont pu voir, sans jalousie, une origine aussi glorieuse ; des auteurs mondains ont été assez téméraires pour la nier, toute merveilleuse qu'elle est , et assez vains pour oser la réfuter : ils ont cru, qu'en s'étayant d'une série chronologique de faits historiques , cela

confirma dans la certitude d'avoir découvert le véritable habit de Saint-François, et que ce séraphique approuvait qu'il le portât. Il n'eut plus de repos qu'il n'eut ajusté le sien sur son modèle. Il eut encore deux rêves, ou deux visions. Il raconta tout ce qui lui était arrivé à frère François Cartoze , qui , miraculeusement, reconnut l'habit ; mais ce qui mit le comble à leur satisfaction , ce fut un charbonnier de Saligny, qui avait une médaille sur laquelle était le véritable habit ; tout fut examiné, comparé ;. robe , capuchon , et tout se trouvant conforme à leurs desirs , dans l'excès de leur enthousiasme , ils s'écrièrent, en style capucin : » Heureux les yeux qui » voyent ce que nous voyons, nos pères ont desiré voir ce véné- » rable capuchon , et ne l'ont point vu. Ce bonheur nous était ré- » servé » ! Ils résolurent, pour s'assurer encore davantage , de parcourir tous les lieux qu'avait habité leur saint patriarche ; églises , images, tombeaux, statues, tout fut visité, inspecté avec la plus scrupuleuse attention ; ils reconnurent , à n'en pouvoir douter, que leur capuce était le seul vrai capuce de Saint-François.

(2) » *Deum ipsum ab incunabilis auctorem et patrem sortita est* ».

(3) » *En ordinem sine parente genitum absque propagatore diffusum* » *ac velut alterum Melchisedech , sine patre , sine matre , sine genea-* » *logia , admirabilem* ».

prouverait beaucoup ; ils ont cru, les impies ! qu'on pouvait, à son gré, traiter des choses célestes, ou surnaturelles, comme de celles purement humaines ; on voit bien, hélas ! qu'ils n'avaient pas l'honneur d'être capucins (4)

On a beau dire, et malgré les envieux, cet ordre a deux origines ; l'une mystique, l'autre purement historique : il s'est modestement attribué la plus ancienne, elle se perd dans les nues, elle est l'ouvrage admirable des légendaires. Quant à celle que lui donne l'histoire, elle est trop claire, trop réelle, pour avoir en son agrément ; c'est pourtant à celle-là que nous avons la hardiesse de nous arrêter. La première, selon nous, prouve l'ignorance et la folie ; la seconde, l'indocilité, la turpitude et la méchanceté de ces hommes, qui, soit-disant, doivent renoncer à leurs passions, pour suivre entièrement les loix d'un dieu de paix.

Quoi qu'il en soit, les capucins analistes ont trouvé beau d'avoir une origine merveilleuse ; ils ont cru que n'ayant pas l'espoir de jamais monter au ciel, il était bien naturel, au moins, d'avoir le plaisir d'en descendre ; ils ont cru qu'ils pouvaient imiter en cela, de grandes nations qui, dans leurs faibles commencemens, ont fouillé dans la nuit des tems pour se choisir des ancêtres : mais si la manie de l'antiquité aveuglait ces nations, elles ont tout fait pour se rendre dignes

---

(4) Qu'on en juge par Boverius, Luc Wading, et tous les autres auteurs capucins, que nous avons eu la patience de lire.

de ceux dont elles voulaient descendre ; nos capucins, au contraire, par orgueil, veulent bien descendre du ciel ; mais ne font rien pour se rendre
dignes d'y monter.

Comparons ! tout ce qui émane du ciel est vertu ,
tout ce qui est capucin , est un assemblage de vices ,
où est donc la ressemblance ?

Cependant , ces insectes du christianisme lèvent
leur nuque tondue avec arrogance à l'aspect du
ciel, qu'ils offencent par leur vanité.

Si des capucins n'étaient pas une antithèse avec
l'humilité chrétienne, qui devrait leur avo'r donné
naissance ; si des capucins avaient pu lire et com-
prendre Voltaire , n'auraient-ils pas dus se ressouvenir et faire l'application de cette vérité.

>> Ne sais-tu pas encore, homme faible et superbe,
>> Que l'insecte insensible, enseveli sous l'herbe,
>> Et l'aigle impérieux, qui plane au haut du ciel.
>> Rentrent dans le néant aux yeux de l'Eternel ?

Mais, au contraire, cette vermine orgueilleuse
insulte à l'Etre suprême, en lui attribuant l'origine
de son ordre , sorti du limon impur de la terre.

Passons à ses progrès , à ses vertus ; le prestige
n'aura pas de force, pour ceux qui pourront juger
sans prévention.

Cet ordre est une réforme de celui des Franciscains : il commença en 1525 , et n'eut d'existence
réelle qu'en 1528.

Mathieu Baschi, le héros des capucins, amateur
de nouveauté , brûlant du desir de réduire l'habit

Franciscain, à ce qu'il prétendait être sa véritable et première forme, quitte son couvent, va à Rome; il y obtient du pape, pour lui et un compagnon seulement, la permission de porter le capuce pointu, qu'il avait d'abord pris de son propre mouvement. *Il quitta, comme on voit, les Cordeliers et leur habit sans permission,*

Cependant, voulant conserver une espèce de hiérarchie, Clément VII lui ordonna de se présenter une fois l'an au chapitre des Observans; il obéit; mais aussi-tôt qu'il parut à celui de la province d'Ancone, Jean Fano, qui en était alors provincial, le fit mettre en prison comme un apostat, qui s'était furtivement échappé du couvent: il ignorait que notre novateur avait su intéresser en sa faveur Catherine de Cibo, et le provincial n'osa refuser à la Duchesse de Camerino, nièce du pape, la liberté de son transfuge. Le premier usage qu'il fit de sa liberté, fut d'aller trouver cette princesse, pour lui demander des lettres de recommandation auprès de son oncle, elle les lui accorda, persuadée,

» Que des divines loix, observateur rigide,
» Il n'a, dans ses projets, que la vertu pour guide

L'abbé Abeille.

Muni de ces armes victorieuses, et accompagné de Louis et Raphael de Fossembrum, il vole à Rome, présenter ces lettres au pape; il en revient avec un bref de la pénitencerie, daté du mois de juin 1526, qui permet à Mathieu Baschi, Louis et Raphael de Fossembrum, de se revêtir d'une robe plus grossière, de couleur de cendre, avec un capuce en pointe ; d'admettre à leur compagnie des frères et des séculiers, en leur faisant prendre le même habit, et prononcer les trois vœux, suivant l'institut de Saint-François (5). *Tout ceci prouve assez son opiniâtreté.*

Ce bref, objet de leurs vives sollicitations, et que Louis et Raphael présentèrent au provincial de la marche d'Ancone, ne l'adoucit pas ; il ne leur pardonna pas d'être sorti sans obédience de leur monastère : le premier est arrêté dans l'ermitage des grottes, proche Massacio, chez les Camaldules, où il s'était retiré avec son frère ; il est conduit en prison : le légat du pape, auquel il en appelle, interpose son autorité, et le fait sortir. Enfin ces deux fuyards, toujours poursuivis par le vindicatif provincial, dont, ni le bref du pape, ni le jugement du légat, ne pouvaient contenir le ressentiment, se sauvèrent en 1527, sur une petite montagne, proche Fossembrun, où Mathieu Baschi, suivi d'un compagnon, vint les rejoindre. Le provincial n'ayant pu, malgré tous ses efforts, faire révoquer à Rome le bref du pape, accordé à ses fugitifs, en demanda un autre pour procéder contre quelques apostats, qu'il se garda bien de nommer.

> » C'est contre le péché que son cœur se courouce,
> « Et l'intérêt du Ciel est tout ce qui le touche.
>
> *Molière.*

---

(5) Ce Saint-François était un petit vagabond, qui découchait de la maison paternelle, qu'il pillait pour faire soi-disant l'aumône ; son père, honnête mercier, qui voyait que cela ne faisait pas fruc-

Pendant cet intervalle, tous les quatre implorent encore la protection de Catherine de Cibo ; mais cette duchesse ne pouvant les servir de son crédit, auprès son oncle, que les troupes de Charles-Quint retenaient prisonnier au château de Saint - Ange (6), détermina le duc de Camerino, son mari, à accorder à ces *bons ermites* un azile en son palais, pour les soustraire aux persécutions violentes et réitérées de l'inflexible provincial.

» Tant de fiel entre-t-il dans l'âme des dévots ?

Boileau.

Hélas ! oui ; car,

» Cette faible raison, dont on fait tant de bruit,
» Contre les passions est un faible remède.

Deshoulières.

---

tifier son commerce, se fâcha ; son fils lui manqua de respect, de la manière que nous expliquerons au commencement du chapitre des Franciscains, le quitta et fonda son ordre.

(6) C'est la seule forteresse qu'il y ait à Rome ; c'était autrefois le tombeau d'Adrien, et un des plus beaux monumens de l'ancienne Rome. On en trouve une description intéressante dans le premier volume du dictionnaire d'Italie.

Pendant que le pape était dans cette forteresse, les Espagnols prirent Rome, le 6 mai 1527 ; ils la pillèrent et la saccagèrent avec plus de barbarie que ne le firent autrefois les Gots et les Vandales : ce sont ces mêmes Espagnols qui prétendent aujourd'hui rétablir l'ordre et la paix en France, où l'on n'a pas encore oublié ce qu'ils firent au Mexique, et pendant la ligue.

Mais à présent on n'a plus de foi à leurs drogues ; ils ne débiteraient guères de leur catolicon, on n'a pas oublié les heureux effets qu'il a produits ; et la fameuse nuit de la Saint-Barthélemi est encore présente à la mémoire !

Une petite maison, dans le voisinage de Camerino, dans laquelle nos réformateurs furent reçus
en 1528, fut le berceau de cette congrégation nais-
sante, qui prit bientôt des accroissemens rapides.
Dès l'an 1529, elle s'était tellement augmentée,
qu'elle remplissait déjà quatre couvents par le nombre
de ses religieux, qui, l'année d'avant, avaient mon-
tré beaucoup de zèle et de courage, en donnant
des secours au peuple dans la maladie contagieuse (7)
dont l'Italie fut affligée en 1528 ; d'ailleurs, l'austérité
de leurs mœurs annonçaient encore l'incertitude
qu'ils avaient de leur état.

Leur premier couvent fut à Colmenzono, il était
de l'ordre de Saint-Jérôme, et presque abandonné ;
la duchesse de Camérino leur en fit avoir la possession. Les autres, au nombre de trois, étaient situés,
l'un à *Monte-Melone*, dans le territoire et, à environ
une lieue de *Camérino*, l'autre à *Abancina*, dans
le territoire de *Fabriano*, et le dernier à *Fossembrun*, dans le duché d'*Urbin*. Ces monastères, cons-
truits avec du bois et de la boue, se bâtissaient en
très-peu de tems, et avec peu de dépense ; tout y
annonçait la pauvreté d'un ordre mendiant.

> Quelque parois de fange et de branchage,
> Faisaient les frais de leur pauvre ermitage.

La facilité avec laquelle on faisait des capucinières, et la nouveauté de leur capuce pyramidal,

---

(7) Cette contagion leur enleva leur principal bienfaiteur, le duc
de Camérino.

les fit accueillir dans presque toute l'Italie ; Naples, Rome, la Calabre, Messine, Palerme, et Ferrare voulurent en avoir aussi. Leurs succès, en 1533, furent un peu traversés par un echec (7) qui

---

(8) Bernardin Occhin, capucin célèbre, prédicateur distingué, mit par son apostasie, l'ordre naissant à deux doigts de sa perte.

En 1534, il passa de chez les Observans, qu'il quittait pour la seconde fois, dans l'ordre séraphique des Capucins ; élu vicaire général en 1538, il remplit si bien les devoirs de sa place, que le chapitre-général qui se tint à Naples, en 1541, le nomma pour la seconde fois, vicaire général.

Il se distingua sur-tout par le talent de la prédication, qu'il possédait dans un degré éminent. Ses sermons, remplis de cette éloquence douce, touchante et persuasive, si puissante, quand elle est moins l'ouvrage de l'art qu'un don de la nature, produisaient sur tous ses auditeurs l'impression la plus vive et la plus forte. Jamais orateur n'avait autant excité l'admiration, et n'avait eu des succès plus brillans. Par-tout où la renommée avait porté son nom, elle avait fait naître le desir de l'entendre.

Occhin devenu si célèbre, considéré des premiers prélats, estimé et vanté par le peuple, accueili et flatté par les grands, s'était secrètement nourri de l'espoir que sa réputation et la supériorité de ses talens l'éleveraient aux dignités ecclésiastiques.

Cet homme, que des vertus éclatantes, des mœurs pures et même austères, semblaient élever au-dessus des faiblesses humaines, cachait sous l'humilité de son habit, et de son extérieur de sainteté, une ambition dévorante ; mais il fut trompé dans ses espérances, et eut la douleur de se voir oublier par Paul III, dans cette fameuse promotion où il distribua tant de chapeaux, de mîtres et de crosses (a). Pas assez fier, pas assez grand, ou plutôt trop ambitieux pour se consoler de n'avoir pas obtenu ce qu'il savait mériter, il eut l'imprudence de vouloir se venger de la cour de Rome, en hasardant,

---

(a) *Il fit soixante et onze cardinaux, sans compter les archevêques, évêques, etc.*

ébranla l'ordre jusques dans ses fondemens ; mais Clément VII, qui leur avait ordonné de sortir de Rome, mieux informé, les rappela peu avant sa mort, et leur rendit sa protection ; ce ne fut toutefois qu'après les avoir fait examiner, et s'être assuré qu'ils étaient bien loin d'avoir l'esprit d'Occhin.

---

dans la chaire, et ailleurs, des maximes qui tendaient à décrier ou à diminuer l'autorité du pape, tandis que ce *n'était que pour le dix-huitième siècle qu'était réservée cette faculté.*

Il fut cité à Rome ; mais craignant de devenir la victime d'un pouvoir qu'il n'avait pas su respecter, il quitte l'habit de capucin, et s'enfuit à Genève sous celui de séculier (b). Il s'y maria publiquement, comme s'il eut voulu par-là braver la cour de Rome, dont il croyait n'avoir plus à redouter les poursuites.

Il eut une fille et deux garçons, quoiqu'il fut déjà d'un âge avancé. Sa femme était blanchisseuse, et de la république de Luques. Après bien des avantures plus tristes les unes que les autres, il perdit sa femme à Zurich, en très-peu de tems ; sa fille et ses deux fils furent frappés de la peste et en moururent à Pinezone, et lui, trois semaines après son arrivée en Moravie, mourut aussi de la peste en 1564. Quelques-uns l'ont désigné comme l'auteur du livre *De tribus Impostoribus ;* mais lorsqu'on observera qu'ayant à peine appris le latin, il était impossible qu'il écrivit en cette langue. Il avait l'art de la parole lorsqu'il parlait sa langue naturelle ; il expliquait ce qu'il savait, avec tant de grâce et de politesse, que la douceur et la pureté de ses discours ravissaient tous ses auditeurs.

Cette victime de l'ambition et du despotisme, mourut de misère pour avoir heurté de front des gens puissans.

Le Ciel le punit d'avoir été assez téméraire pour quitter le vénérable habit du séraphique Saint-François : en effet, c'est un crime irrémissible !

(b) *Il débaucha une jeune blanchisseuse, dont il eut trois enfans ; mais son mariage ne fut pas heureux, ce qui a donné lieu à bien des applications de la part de ses adversaires.*

Paul III, son successeur, leur accorda, en 1536, une bulle (8) dans laquelle il confirme celle de son prédécesseur, donnée en 1528, et leur trace des règles pour le gouvernement de la congrégation.

En 1573, sur la demande de Charles IX, roi de France (9), Grégoire XIII révoqua le décret par lequel Paul III leur avait défendu de s'étendre au-delà des monts, et la France eut le bonheur de s'encapuciner. Leur premier domicile fut un petit hospice au village de Picpus, qui leur fut donné par le cardinal de Lorraine, l'un des acteurs de la Saint-Barthélemi ; de-là ils passèrent à Meudon, eurent un couvent plus considérable (10), furent admis

____

(9) Bullaire romain, tom. 1, page 524, in-folio, Rome, 1638.

(10) Charles IX, fameux par ses crimes, et peut-être autant par les monstres qui l'entourèrent, était à ses fenêtres pendant l'affreuse scène du massacre de la Saint-Barthélemi, avec son arquebuse : il y faisait preuve de son adresse, en ajustant ceux de ses sujets huguenots, malheureuses victimes ! qui tentaient d'échapper au fer des assassins.

Après que Coligny fut tombé sous les coups de Besme, et que son cadavre séparé de sa tête vénérable, eut été mis au gibet, Charles voulut l'y contempler à loisir : les courtisans avaient beau l'inviter à se retirer, parce que le cadavre de Coligny sentait mauvais, il leur répondit, comme Vitellius (a), en pareil cas : « *le corps* » *d'un ennemi mort sent toujours bon* ».

L'introduction des capucins en France était-elle pour expier tant d'horreurs ? Nous sommes loin de nous tromper sur le vrai motif : il fallait des factieux hypocrites ; il fallait, pour en avoir, recourir à la source. Rome fut pour l'univers entier la boëte de Pandore ; mais l'espérance n'est pas au fonds.

(11) Ce couvent a donné lieu à la chanson connue sous le nom des capucins de Meudon. Voyez le Chansonnier français.

____

(a) *Voyez la note* 23.

ensuite dans la capitale, où ils ont possédé trois couvents, le premier sur un terrein magnifique, qu'occupe actuellement l'assemblée nationale, et dans lequel il y avait ordinairement plus de cent cinquante capucins. Les deux autres étaient au faubourg Saint-Jacques et au Marais; ce dernier est érigé en paroisse, sous le nom de Saint-François d'Assise (12).

Trente-trois ans après leur établissement en France, c'est-à-dire, en 1606, Paul V permit aux capucins de recevoir, dans toutes les Espagnes, de nouveaux monastères, en observant toutefois les formalités prescrites.

Une fois sortie de l'Italie, dans laquelle elle avait été contenue pendant quarante-cinq ans, cette congrégation se dilata au point que, non-seulement elle se répandit dans toute l'Europe; mais encore elle franchit les espaces immenses des mers, pour aller éclairer de ses lumières toutes les autres parties du monde. Cet ordre, adonné à la conversion des infidèles, ne mit à son zèle d'autres bornes que celles de l'Univers.

Paul V, souverain pontife, voulant récompenser tant d'ardeur, les tira de l'esclavage; leur accorda

____

(12) En France, le territoire domanial des curés était ridiculement divisé; mais depuis la révolution, l'on a converti en paroisses une partie des couvents supprimés : ce qui fait que les citoyens ne sont plus faits pour les prêtres, mais bien les prêtres pour les citoyens; car il était bien gênant d'être obligé, dans certains quartiers, de voyager pour aller à l'office paroissial.

des priviléges , celui , par exemple , de ne plus marcher aux processions , sous la croix des conventuels,
dont le général avait non-seulement le droit de con-
firmer l'élection de leur vicaire général ; mais
encore celui de visite et de correction. Les capucins furent délivrés de cette dépendance , bien
dure sans doute , pour des religieux qui ont fait vœu
d'humilité et d'abnégation de toutes les mondanités :
leur premier supérieur fut décoré du même titre
que celui des conventuels ; quelle victoire ! Un capucin décoré , juste ciel ! Où la vanité va-t-elle se nicher ?
Quelqu'un qui n'aimait pas les capucins , disait :
« ils sont paresseux , ignorans et sanglés comme
» des ânes : barbus , lascifs , sales et puans comme
» des boucs : enfin ce sont les punaises de la chré-
» tienté ».

Cet ordre ainsi dégagé de toutes les entraves qui
pouvaient nuire à sa propagation , vit augmenter ses
recrues, et put bientôt marcher de pair avec les con-
grégations les plus étendues et les plus florissantes ;
il a prodigieusement pullulé ; il est divisé en plus
de cinquante provinces et trois custodies , où l'on
compte plus de seize cents couvents , et vingt-cinq
mille capucins ; non-compris les missionnaires du
Brésil , du Congo , de la Barbarie , de la Grèce ,
de la Syrie , de l'Egypte et de toutes les autres parties
du monde où il y a des capucins missionnaires.

Aucun genre de gloire n'est étranger à cet ordre,
il se vante de posséder un répertoire considérable
d'hommes

d'hommes illustres en tous les genres, et dont le nom a passé à la postérité.

Nous en citerons quelques-uns pour ne pas être trop volumineux.

Félix de Cantalice, premier Saint de cette congrégation, fut classé bienheureux par Urbain VIII, en 1625. Ce premier grade lui valut, en 1712, celui de Saint, que Clément II lui conféra.

Antoine Barberin, frère du pape Urbain VIII, qui le fit cardinal, puis grand pénitencier et bibliothécaire apostolique, mourut en 1646, et fut enterré à Rome, dans le grand couvent de son ordre, qu'il avait fait bâtir. On lit sur sa tombe de marbre blanc, cette épitaphe, qu'il avait ordonné qu'on y mît.

« *Hic jacet pulvis et cinis.*
» *Postea nihil* ».
Ci-gît poussière et cendre. Rien de plus.

Joseph de Paris (13), nommé cardinal par

---

(13) Joseph le Clerc du Tremblay naquit à Paris, en 1577. Il était fils de Jean le Clerc, seigneur du Tremblay, président aux requêtes du palais à Paris, et ambassadeur à Vienne. Après avoir voyagé en Italie, en Allemagne, et fait une campagne sous le nom de Baron de Maffée, il exécuta le projet qu'il avait formé dès l'âge de seize ans, de renoncer au monde, et se retira chez les capucins. Sa mère, qu'il n'avait pas instruite de sa résolution, obtint un arrêt du parlement, qui ordonnait que son fils lui fût rendu, et des lettres de jussion pour faire obéir les capucins à l'arrêt; mais le jeune novice sut si bien peindre l'ardeur et la sincérité de sa vocation,

Louis XIII ; mais expédié en l'autre monde (14)
par le cardinal de Richelieu , qui avait la bassesse
d'être aussi jaloux des dignités de ses créatures , que

qu'elle céda à ses desirs , et consentit à sa profession , qui se fit
l'an 1600. Il avait alors 23 ans.

Il entreprit diverses missions , et lorsque les commissions im-
portantes , dont il fut chargé par la cour de France , l'eurent forcé
d'y renoncer , il voulut au moins en procurer. Il en a établi en
Angleterre , en Canada , en Turquie.

C'est ce moine qui a contribué à la réforme de Fontevrault ; il
est aussi le fondateur des Bénédictines du Calvaire. Il mourut à Ruel ,
en 1638 , à 61 ans. Voyez , ci-dessous , la note 14 relative à sa mort.

(14) On assure que le cardinal de Richelieu expédia lui-même ce
frocard ; qu'il ne quitta le chevet de son lit qu'après lui avoir vu
prendre un bouillon qui fut le dernier de sa vie , et qu'il lui donna
de ses propres mains , avec les plus vives démonstrations d'amitié.
Grâces aux soins de l'éminence rouge , l'éminence grise n'eut pas
le chapeau ; mais l'on assure qu'il n'y avait pas que de la jalousie
dans le motif de cette expédition ; les raisons secrètes ne nous sont
pas encore parvenues : nous observerons seulement que le cardinal joua
fort bien la comédie à la mort du capucin , auquel , pour donner
le change au vulgaire , il fit faire de magnifiques obsèques , où le
parlement assista. Il mourut le 18 décembre 1639.

Ce singulier moine lui avait été trop constamment attaché pour
qu'il pût paraître indifférent à sa mort ; mais on connaît trop l'orgueilleux ministre , qui n'a pas rougi des plus grandes injustices ,
pourvu qu'elles pussent fortifier son despotisme : le capucin , que
l'on appelait l'éminence grise , était l'acteur ou l'agent de la
plupart des cruautés du ministre ; mais après sa mort , le cardinal
fit voir qu'il n'avait pas eu besoin de l'âme atroce du moine pour
être atroce lui-même ; car il fut aussi cruel qu'auparavant.

Son arrogance extrême , et la timidité de son imbécile de maître ,
formaient un tableau bien original. Que ne peut-on voir actuellement ces deux êtres , contempler à Paris , cette place , où l'orgueil
du ministre fit élever , au despote honoraire , un monument que la
philosophie vient de renverser pour n'en jamais ériger de semblables ;

des talens agréables qu'il n'avait pas , quoiqu'il voulût pourtant , n'importe à quel prix , persuader qu'il
les possédait ; ce que nous aurons occasion de prouver amplement dans un ouvrage que nous donnerons après celui-ci.

Le père Cassini , coëffé par Clément XI.

Alphonse d'Est, duc de Modène et de Reggio.

Henri , duc de Joyeuse (15), comte de Bouchage ,

---

car, dans tous les pays , les despotes honoraires et les despotes onéraires , forment un tout trop onéreux à la patrie.

Cette figure équestre , élevée le 27 septembre 1639 , par le cardinal , ministre , fut jettée en bas en août 1792 , par le peuple
Français , las du joug des rois et de la royauté qu'il abolit.

On lisait sur la façade méridionale du piédestal, dans une inscription tracée par l'adulation du valet au maître , cette platitude du
maître au valet.

» Armand, le grand Armand, l'âme de mes exploits.

Ce monument a existé cent cinquante-trois ans , moins un mois
et quelques jours.

La figure était de Biard , sculpteur estimé ; le cheval, qui était
destiné à une statue de Henri II , fut fait par Daniel Ricciarelli de
Voltere , élève de Michel-Ange.

Récapitulation sur Armand Duplessis de Richelieu.

Evèque de Luçon et secrétaire d'état , en 1617.

Cardinal de la façon de la reine mère , en 1622.

Premier ministre en 1629, le 21 novembre.

Le 29 décembre suivant , lieutenant-général , représentant le roi , et
se met en marche , accompagné de trois maréchaux de France , pour
secourir Casal , qui était assiégée.

Despote toute sa vie.

Mort enfin en 1642 , le 4 décembre , à 58 ans.

(15) Un Capucin devait-il souffrir tout cet étalage fastueux ? L'ordre

chevalier des ordres du roi, grand-maître de sa garde-robe, gouverneur des pays d'Anjou, Touraine, Maine, Perche et Languedoc, pair et maréchal de France. Cette énumération prouve la modestie capucine.

Cet ordre expirant en France, a donné un législateur en la personne du R. P. Chabot, grand-vicaire de Blois, et un juge de paix à Paris, en celle de l'ex-capucin Mathieu, assez ferme, en abjurant l'esprit séraphique, pour s'être déclaré l'apôtre de la raison, après avoir, pendant 19 ans, courbé sa tête sous le joug capucinal !

Ce citoyen estimable a su faire preuve de courage, en s'asservissant au joug de l'hymen ; il a donné au premier fruit de ce tardif, mais sage nœud, le nom de l'illustre mère des Gracques, Cornélie, avec promesse de lui donner une éducation analogue à ce nom.

Nous ne donnerons pas la liste curieuse des écrivains de cet ordre, elle serait trop longue, nous citerons seulement ceux dont les ouvrages eurent quelque réputation dans leur tems, et dont les noms ont survécu (16).

---

pouvait en France, et peut-être encore ailleurs, s'appliquer ce passage de Salomon.

» *Vanitas vanitatum, omnia vanitas.*
» O vanité des vanités, tout n'est que vanité.

(16) Ceux qui desirent plus, peuvent consulter les notes de l'ouvrage du citoyen Bar.

Zaccarie Boverius a composé deux ouvrages pour la défense de la religion, et les anuales de son ordre, qui parurent en 1632 et qui furent depuis traduites en Français.

Zacarie de Lisieux a laissé plusieurs traités, dont trois sur-tout sont fort connus : les deux premiers prouvent que les auteurs de l'antiquité lui étaient très-familiers.

Yves de Paris est auteur de plusieurs ouvrages, dont quelques - uns assez célèbres de leur tems, firent honneur à la congrégation des capucins.

Bernardin de Péquigny donna, en 1703, un ouvrage sur les épitres de Saint-Paul, qui, non-seulement fut estimé des prélats et des théologiens de France ; mais qui réunit encore les suffrages de toute l'église. Vingt-trois ans après, il en fit paraître un autre qui ne nuisit pas à la gloire que le premier lui avait acquise.

Bernardin de Carpentras a fait un ouvrage de philosophie qui doit tenir une place distinguée parmi les œuvres des capucins. Il est, à quelques égards, inventeur dans la physique, et, pour ainsi-dire, supérieur à son siècle.

Chérubin d'Orléans, dont la dioptrique oculaire n'est pas sans mérite, a fait ses dessins avec intelligence ; ils ne sentent pas le capucin. L'ouvrage fut imprimé in-folio. Paris, 1760.

Nous laisserons au lecteur, assez patient pour suivre le reste de la froide nomenclature des auteurs insipides qui forment cette liste plus nombreuse

que choisie , le soin de les recueillir dans les historiens capucins , qui ont mis leur gloire à les faire
passer à la postérité.

L'habit de cet ordre consiste en une robe de grosse
étoffe, à laquelle est attaché le fameux capuce carré
ou pyramidal , un manteau qui ne passe pas les genoux , le tout de laine et de couleur de suie de che-
minée. Les sandales sont de cuir , et les pieds nuds ;
une corde de laine blanche , à plusieurs nœuds ,
est la ceinture de l'ordre ; une courroye de cuir noir
sert de ceinture en voyage et pendant la fatigue.

En France , et sur-tout à Paris , la mode mettait de l'élégance en tout ; il n'y avait pas d'individu qui n'en eût le goût ; les capucins mêmes
étaient soumis à son despotisme ; les beaux fils de
l'ordre portaient leurs habits plus noirs que les
autres , et d'une étoffe plus légère (17) , et sans
mortifications (18), laissant aux capucins des provinces le ridicule mérite de porter l'uniforme exact.

L'œil observateur pourra trouver ample matière
à réflexion sur le rapprochement que nous faisons ,
et qui présente les différentes époques du luxe dans

____

(17) Ceux qui aimaient leurs aises , conservaient pour l'hiver les
habits neufs , et les portaient ensuite l'été , quand la vétusté les avait
rendus plus légers. *Nous en parlons en témoins oculaires.*

(18) En terme tecnique capucin , on appelle mortifications , des
pièces ou guenilles de vieille étoffe que l'on coud sur la robe neuve ,
par humilité ; il y avait des places affectées à cette pieuse niaiserie,
vers la poitrine , les cuisses , les jambes , etc. Plus elles étaient d'une
couleur opposée à celle de l'étoffe neuve, et plus elles étaient selon
l'esprit de l'ordre.

cet ordre. Chaque époque sera désignée par un nombre.

L'origine de tous les établissemens est toujours marqué par beaucoup de ferveur; mais le feu le plus ardent se consume, et la cendre couvre la lave du volcan le plus terrible. Tel fut le commencement de nos capucins : ils puèrent d'abord beaucoup, et plus que par la suite, en ce que tous étaient sales au commencement, selon leur institut, et que quelques-uns ne l'étaient plus tant sur le déclin de l'ordre séraphique; car il y en avait même qui exhalaient, en passant dans les rues de Paris, les odeurs des parfums les plus exquis.

Les fondateurs de cet ordre divin, allaient vêtus de bure, leur robe était grosse, grise, sale et rapiécée ; plus elle puait et peignait la négligence, la misère, plus elle était belle, aux yeux du séraphique François.

Jadis le vêtement, le maintien, la barbe, le propos, tout enfin annonçait l'humilité d'un capucin : le plus souvent un christ à la main, une tête de mort au bout d'un poignard, une besace, un panier, un baril, étaient les attributs qui peignaient leur fanatisme, leur piété, leur ignorance ou leur pauvreté. Ils parcouraient les rues dans cet équipage pour recueillir des aumônes, leur unique revenu Voyez *fig*. 3 et 8.

Ils suivaient alors à la lettre leur institut, qui leur défend de rien garder pour le lendemain ; mais avec cette régularité, la quête n'étant pas toujours également abondante , il leur arrivait quelquefois ,

> De dîner tard sans avoir déjeûné ,
> De , très-souvent , se coucher sans soupé.

La prudence leur a donné de la précaution , et leur cuisine a changé de face ; ils avaient l'assurance non-seulement de manger tous les jours , et aux heures fixées ; mais encore de boire de bon vin , et long-tems du même.

> » Or, en buvant , de tout on se console.
> *Richardet.*

Quelques-uns des anciens ne paraissaient en public que le capuce baissé sur le front , les mains cachées dans leurs manches , et la tête inclinée sur la poitrine ; leur immense barbe était très-négligée , ce n'était pas encore un objet de luxe recherché , comme de nos jours. Un capucin , dans ce tems-là , n'était rien autre chose qu'un capucin , et l'on était bien loin de croire, de soupçonner même, qu'un jour il en pourrait exister parmi, ce que le monde a appellé depuis, *petits-maîtres* , c'est à-dire dans la classe la plus ridicule, et la plus superficielle possible.

A proprement parler, un petit-maître n'est rien ; mais un capucin petit-maître, est en morale, ce qu'est en physique, un objet contre nature ; c'est un monstre.

Le ton de suffisance, cet air d'importance, que quelques modernes membres de cet ordre avaient pris, prouvaient combien peu ils étaient capucins, et combien la règle de leur institut était oubliée ; il n'y avait que les subalternes qui la suivissent à la rigueur, et encore. tant qu'ils étaient sous la férule ; car une fois hors de la capucinière, il eut fait beau les suivre.

Les quêteurs sur-tout, se donnaient les airs de vouloir imiter les gardiens et même les provinciaux, en soudoyant des laïs bourgeoises, aux dépens de la recette ou de la caisse du couvent ; et en menant des vies de vrais chanoines, ils se dédommageaient bien amplement des fatigues et des désagrémens du métier.

Après avoir suffisamment admiré leurs vertus, nous pouvons passer en revue leur uniforme.

PREMIÈRE ÉPOQUE.

Fig. n° 2, *pl.* n° 10.

Capucin avec l'habit primitif, en Flandres, grosse étoffe, gris cendré et sale, et tout le moral à proportion.

Leur maintien annonçait leur fanatisme et leur ignorance qui était des plus crasse ; car dans ces beaux jours du capucinage, il suffisait, pour avoir l'honneur d'être capucin, d'avoir le degré

DERNIÈRE ÉPOQUE.

Fig. n° 1, *pl.* n° 10.

Capucin de 1789, à Paris, rue St.-Honoré.

Robe et manteau bien noirs, d'étoffe assez fine, sandales petites et bien soignées ; barbe imperceptible et musquée, mouchoir blanc de baptiste, ambré, airs de tête, marche délibérée et sur la pointe du pied ; robe élégamment retroussée avec la main ; expressions

PREMIÈRE ÉPOQUE.

de bêtise nécessaire pour suivre aveuglément les ordres du supérieur de chaque capucinière.

Fig. n° 3 , *pl.* n° 11.

Capucin en habit d'été, et de maison ; celui - ci tient les attributs convenables au tems, et les présente de la manière qu'il croit la plus utile aux intérêts de sa capucinière.

Même habit que le n° 2, pour la couleur de l'étoffe seulement.

Fig. n° 9 , *pl.* n° 14.

Capucin , espèce de frère chapeau , telle que les frères quêteurs des capucines.

Il a paru à Anvers , en 1586, des moines ou dévots , vêtus comme nos capucins , excepté toute-

DERNIÈRE ÉPOQUE.

choisies , manières prévenantes : enfin, le ton de la meilleure compagnie de Paris , à cette époque.

Fig. n° 4 , *pl.* n° 11.

Capucin à Paris , en 1789 , en habit d'été et de maison : le maintien, l'attribut de ce moine , prouve l'immense distance qu'il peut y avoir entre un capucin et un capucin. Le lecteur attentif ne les confondra pas. Le vêtement est le même que celui n° 1.

Fig. n° 10 , *pl.* n° 14.

Capucin en habit de ville, en 1650, et même à présent par-tout où il y a encore des capucins. Grande barbe négligée , robe et manteau de grosse étoffe rousse , et avec les mortifications. Le capuce

PREMIÈRE ÉPOQUE.

fois le capuce, qui est la marque distinctive de l'ordre ; du reste bien fanatiques, le maintien le plus imbécile possible, le tout pour la plus grande gloire de Dieu. Nous ne le rangeons ici que comme compagnon de voyage. Chapeau sans fond, et, au capuce près, comme les capucins , sales et puants.

Fig. n° 8 , *pl.* n° 13.

Frère quêteur Flamand , au dix-septième siècle , avec ses armes et sa provision. Ceux-là ne pensaient qu'à Cérès et Bacchus ; mais depuis , leurs successeurs n'ont pas oublié Vénus.

DERNIÈRE ÉPOQUE.

sur la tête , le tout, sale et puant.

Fig. n° 5 et 6 , *pl.* n°. 12.

Novice venant prendre les ordres d'un pédant , père des novices à Paris , en 1789.

Père Maître ; le ton du despote capucin , annonce l'esprit dans lequel vivaient ces malheureuses victimes de la misère, du fanatisme ou de l'ignorance.

Fig. n° 7 , *pl.* n° 13.

Autre quêteur à Paris, en 1789 , avec sa provision, etc. Figure bachique, bonne santé , air gai et vigoureux , dans le genre d'un Lubin. Robe noire et peu de barbe , sandales commodes et bonnes.

Quand à la figure 11 , que l'on trouve au frontispice, elle appartient plus ou moins à toutes les époques ; car, dans l'origine, s'ils étaient ignorans, parce que c'était l'usage général alors, depuis, ils le furent encore par comparaison, parce qu'excepté chez eux, cet usage a cessé.

A l'égard de la figure allégorique, contre laquelle elle est adossée, nous croyons fermement qu'elle est étrangère à cet ordre, ainsi qu'à beaucoup d'autres. Les capucins fuyaient les nudités *morales*.

Ce qui prouve évidemment que les capucins en général n'ont jamais joui d'une grande considération, c'est que l'on se servait de leur nom pour désigner, par l'expression proverbiale, CAPUCINADE, quelque chose de plattement exprimé (19), ce dérivé de capucin, sert à peindre, d'un seul trait, une mauvaise production littéraire dans tous les genres ; l'extension que l'on donne à l'application de ce mot, sert aussi à caractériser beaucoup d'actions

---

(19) Le catalogue et l'index des livres défendus de la bibliothèque des capucins du Marais de paris, méritent d'être remarqués ; dans ce dernier, on y met *la Fréquenté Communion* de M. d'Arnaud ; *l'Art de se connaître soi-même*, par Abbadie ; *les pensées de Pascal sur la Religion*, et plusieurs autres de cette nature. On y met aussi à la page 612 du second volume, *Regula accentuum et spirituum Græcorum*, *opera P. Labbe*, *Societatis Jesu. Parisiis*, *apud Bernard*, 1663. Le titre *Regula accentuum et spirituum Græcorum*, aura fait juger aux capucins, compositeurs du catalogue, que c'était un livre qui traitait des esprits ou des sorciers, et des magiciens des Grecs. Voilà pourquoi ils l'ont mis à la suite de Delrie et d'autres livres de magie. Prendre un livre classique pour un traité de magie ! celle-là peut passer pour une des bonnes capucinades.

de la vie, lorsqu'on veut les censurer amèrement, sans trop trancher le mot.

Il résulte de ce tableau comparatif, que le luxe capucinal consistait principalement dans la qualité et la finesse de l'étoffe, la couleur rousse, changée tout-à-fait en noire, la barbe, qu'à peine on appercevait chez les jeunes ; car les vieux, au contraire, en faisaient parade.

Les jeunes préféraient en avoir peu, cela avait sa commodité ; un habit de laïc, une perruque vous faisait un juif d'un capucin ; la métamorphose était prompte et n'était pas plus ridicule que celle de 1740, époque où ils avaient la barbe grande, et où l'ambassadeur Turc fit son entrée à Paris : on trouva chez des filles, plusieurs Turcs qui faisaient du bruit pour la quotité des honoraires dûs ; la garde vint, on les conduisit à son excellence, qui ne les reconnut nullement ; mais la police, à ce rayon de lumière, les reconnut pour des capucins.

Pour ne pas nous écarter de la décence que nous avons promis d'observer, nous ne peindrons pas leurs mœurs.

CONCLUSION.

C'est à Charles IX, d'exécrable mémoire, à Charles IX, l'assassin de son peuple (20), à Charles IX, le plus perfide des hommes, à Charles IX, l'un des auteurs et des acteurs de la détestable Saint-

______

(20) Voyez la note 10, pag. 126.

Barthélemi , à Charles IX , enfin , l'imitateur de l'infâme Vitellius (21) , que la France doit les capucins.

Ce fut sous de tels auspices qu'ils vinrent en France ; le fanatisme régnait alors ; ils furent bien accueillis. Ce fut lui qui en demanda , des capucins , et le pape lui en accorda ; leur protecteur ne fut point déçu , ils se montrèrent bien dignes de lui , sur-tout pendant la ligue.

Il les établit à Meudon , en 1573. Semblables à la rivière de la fable , ils s'étendirent peu-à-peu , furent d'abord à Paris , , puis par-tout dans le royaume(22), où il pût y avoir des capucinières. Avides de réputation , ils ont saisis toutes les occasions d'acquérir de la gloire , ils ont figurés aux fameuses processions de la ligue , le 14 mai 1590 , et des états , le 10 février 1593. L'an 1594 , Ils singèrent les Jésuites ; ce fut les deux seuls ordres qui refusèrent de reconnaître Henri IV. Le procès que leur fit à ce sujet , l'Université , ne les empêcha pas de pulluler.

Ils reçurent au commencement de mars 1599, le maréchal de Joyeuse , qu'une raillerie (23) du roi , avait déconcerté : ce seigneur se retira au couvent

---

(21) L'empereur Vitellius ce monstre , avait fait la même réponse en passant devant le corps d'Othon.

(22) Car c'en était un alors.

(23) Henri IV dit un jour au duc de Joyeuse , étant avec lui sur un balcon , au-dessous duquel il y avait beaucoup de peuple assemblé : « mon cousin , ces gens-ci me paraissent fort aise de voir » ensemble un apostat et un renégat ». On prétend que ces paroles ne contribuèrent pas peu à faire rentrer le duc de Joyeuse dans sa capucinière.

de la rue Saint-Honoré , que sa famille avait donné
à l'ordre , aux conditions que , dans le cas où les capucins cesseraient de l'occuper , il retournerait aux
héritiers. Là , il reprit, avec son nom de père Ange ,
son habit, qu'il eut dû ne jamais prendre ou ne jamais
quitter.

En 1608 , il finit ses jours en capucin , à Rivoli ,
près Turin , âgé de 46 ans. Il fut enterré au grand
couvent de Paris , où , en 1789 , l'on voyait encore ,
devant le maître-autel , son tombeau en marbre
noir. C'est de ce duc de Joyeuse , capucin , que
Voltaire a dit :

> » Ce fut lui que Paris vit passer tour-à-tour
> » Du siècle au fond d'un cloître , et du cloître à la cour :
> » Vicieux , pénitent , courtisant , solitaire ;
> » Il prit , quitta , reprit la cuirasse et la haire.

Henriade , chant IV.

Cet ordre a duré environ deux siècles en France ,
et pourra , tout au plus , en compter trois en tout ,
sur le reste du globe ; car le terme approche , où les
hommes ne seront plus assez fous ou assez sots ,
pour nourrir de leurs sueurs des paresseux inutiles.

On peut se convaincre encore plus de leur inutilité , en consultant les auteurs que nous indiquons
ci-dessous.

Origine du nom Capucin.

C'est de la forme de ce ridicule capuce , que leur
est venu le nom célèbre de capucins.

Les premières mascarades de ce genre qui parurent en Italie, firent courir les enfans en sens contraire, moitié peur, moitié curiosité, ces petits individus ne sachant pas le nom de ces nouveaux phantômes, les désignèrent par ce qui leur parut le plus remarquable, et ce fut le capuchon ; ils les suivaient en criant Capoutchini, Capoutchini (24). Ces maniaques (25) prenant cette apostrophe pour une proclamation inspirée du ciel, prirent et gardèrent ce nom.

Quelques annalistes séraphiques, prétendent, pour donner à tout cela un air de merveilleux, que ce fut des enfans nouveaux nés, dont la langue se délia miraculeusement pour leur donner ce nom divin ; mais tout ce qui est miracle.......... n'est plus de mode.

Les auteurs que nous avons consultés, sont :

Abraham Bruin , *Imper. ac Sacerd. ornat. cum Comment.* Hadrian. Damman. 1577.

Michiel Colyn , *Omnium pene, Europæ, Asiæ, Aphricæ, atque Americæ, gentium habitus. fol.* 14 *et* 18. *in-fol. Antuerpiæ ,* 1581.

---

(24) Ce mot capucini, qui se prononce comme nous l'écrivons ci-dessus, signifie capucins, ou porteurs de capuces.

(25) *Maniaque,* dérive de *manie,* mot qui désigne une passion violente, qui l'emporte sur la raison. C'étaient de vrais maniaques, car la manie du capuce carré, leur paraissait préférable à toute la nature ; dans les commencemens bien entendu, car après, ce fut toute autre chose.......

Paolo

Paolo Morigia, *Historia dell' Origine di tutte le Religioni*, etc. pagina 320 e 324, sino 558. *in-12. Venetia*, 1585.

Auberti Miræi, *Chronica. pag. 384. in-4°. Antuerpiæ*, 1608.

Rodolphus Hospinianus, *De origine Monachatus, pag. 124. in-fol. Tiguri*, 1609.

Silvestro Maruli o Maurolico, *Mare oceano di tutte le Religioni del mondo*, etc. *pagine 375 e 393. in-4°. Messina*, 1613.

Odoardo Fialetti, *Habiti delle Religioni, con le armi e breve descrittioni loro*, etc. *pagina 84. in-4°. Venetia*, 1626.

Le même, par Dufresne, *pages 44 et 67. in-4°. Paris*, 1658.

Bullarium Romanum, t. 1, p. 493 et 554; t. 3, p. 155, 178 et 264; t. 4, p. 87. *in-fol. Romæ*, 1638.

Joseph Michieli y Marquez, *Tesoro de Religiones, plana 109. in-fol. Madrid*, 1642.

Dilucidatio speculi apologetici sive propugnaculum Historiæ Annalium P. Zachariæ Boverii, Ordinis Fratrum Minorum Capucinorum; Authore F. Antonio Maria Galitio, *Theologo Capuccino, Brixiano. in-4°. Antuerpiæ*, 1653.

Luc Wading, *Annal. Minor. tom. 8, pag. 421 et 620. in-fol. Romæ*, 1654.

Moréri, *tome 1, page 644, in-fol. Lyon*, 1681.

Idem. tome 2, première partie, page 99; tome 6, première partie, pages 400 et 401; tome 8, deuxième partie, pages 186 et 187; et tome 10,

Tom. *I.*   K

deuxième partie, page 20. *in-fol. Paris,* 1759.

Hermant, *Hist. de l'établissement des ordres Religieux, p.* 287 *et* 299. *in-*12. *Rouen,* 1697.

Adrien Schoonebeek. *Hist. des ordres Religieux, etc. sec. édit. t.* 1, *p.* 122. *in-*8º. *Amsterdam,* 1700.

Bonanni, *Catalogus Ord. Relig. tom.* 2, *pag.* 64. *in-*4º. *Romæ,* 1706.

Le père Hélyot, *Histoire des Ordres Monastiques, Religieux et Militaires, etc. tome* 7, *pages* 164 *et* 180. *in-*4º. *Paris,* 1718.

Histoire des Ordres Monastiques, tome 3, *deuxième partie, pages* 211 *et* 242. *in-*12. *Berlin,* 1751.

Art de vérifier les dates, in-fol. Paris, 1770.

Chronique et Institution de l'Ordre de S. François, composée en Portugais par le père Marc de Lisbonne, *traduite en Espagnol par* Didace de Navarre, *en Italien par* Horace d'Iola, *en Français par* D. Santeül. *in-*4º. *Paris,* 1600.

Zachariæ Boverii, *Annales Capucinorum.* 2 *vol. in-fol. Lugduni,* 1632.

Les mêmes, traduites en Français par le père Ant. Caluze. *in-fol. Paris,* 1675.

Les mêmes, traduites en Italien par San Benedetti. 4 *vol. in-fol. Venise,* 1648.

Les mêmes, traduites en Espagnol. 3 *vol. in-fol.* 1644.

Tomus tertius Annalium Capucinorum, Autore Marcello de Pisa. *in-fol. Lugduni,* 1676.

Dilucidatio Speculi Apologetici, sive Apologia Annalium Zachariæ Boverii, *per* Ant. Marcum Galitium. *in-*4º. *Antuerpiæ,* 1653.

Icones illustrium Capucinorum sive, *flores Sera-
phici*, *per* Carolum de Heremberg. *in-fol. Medio-
lani*, 1648.

*Rationarium Chronographicum Missionis Evange-
licæ à Capucinis exercitæ in Galliá Cisalpiná*,
Auth. Matthiâ Ferrerio. 2 *vol. August. Taurinorum*, 1659

*Geographica Descriptio Provinciarum et Conven-
tuum, Fratrum Minorum Capucinorum délineata,
sculpta, et impressa jussu* P. Joannis *à* Monte
Calerio *Generalis ejusd. Ord. in - fol. Augustæ
Taurinorum*, 1654.

Informatione del M. Giosefo Zarlino, *Maestro
della Capella della Serenissima Signoria di* Venetia, *intorno della Congregatione de i Capucini.
in-4°. Venetia*, 1579.

Constitutions des Frères Mineurs Capucins de Saint-
François, *approuvées par* Urbain VIII. *in-12.*
Paris, 1645.

*Défense de l'humilité Séraphique, ou Apologie pour
le droit de voix active et passive qu'ont les Religieux laïcs Capucins en toutes les élections de
leur Ordre, par le père* Paulin de Beauvais. *in-12.*
Paris, 1642.

*Nouveau Dict. Hist., ou Hist. abrégée de tous les
Hommes qui se sont fait un nom par le génie, les
talens, ect. par une Société de Gens de Lettres,
tom.* 1, *p.* 391 ; *tom.* 4. 2ᵉ. *part. p.* 759, 760 *et*
931 ; *tom.* 5, *p.* 799 *et* 802. *in-8°.* Paris, 1772.

Et J. Ch. Bar, *in-fol.* Paris, 1778 *et suivantes.*

CHAPITRE XV.
PÉNITENS NOIRS,
A VENISE,

Dont on ne connaît ni l'origine, ni le fondateur.

DE toutes les mascarades pieuses et ridicules, que la folie et le fanatisme ont inventées, celle-ci est bien, sans contredit, la plus affreuse. Si l'intention du fondateur a été de jetter l'effroi dans l'âme des spectateurs, il a parfaitement réussi ; car, lorsque cet épouvantable cortège est en marche, on est tenté, au premier aspect, de le prendre pour un essaim de démons qui se rend au sabat ; et si l'étranger voyageur, qui n'est pas au fait des usages du pays, n'en est pas d'abord effrayé, il croit voir des mineurs Norwégiens (1), prendre l'air en récréation ; et détrompé, cette douloureuse réflexion lui échappe.

> » Sans cesse on prend le masque, et, quittant la nature,
> » On craint de se montrer sous sa propre figure.
> *Boileau.*

---

(1) La Martinière dit, dans son voyage du Nord, « étant au bas de la mine, il me semblait être dans le royaume de Pluton, ne voyant

Ces pénitens, des péchés des autres, sont en grand nombre. Ce sont, pour la plûpart, des citoyens riches, qui, par conséquent, peuvent plus facilement tirer parti du domino pieux qui les affuble, dans un pays où les plaisirs en tous genres semblent couler de source ; mais, dira-t-on, c'est prévention, nous savons qu'il en est de bonne-foi,

   » Oui, pour quelques vertus, assez pures, sincères,
   » Combien s'en trouve-t-il d'impudentes, faussaires,
   » Qui, sous un vain dehors d'austère piété,
   » De leurs crimes secrets cherchent l'impunité,
   » Et couvrant de Dieu même empreint sur leur visage,
   » De leurs honteux plaisirs l'affreux libertinage ?

Boileau, Sat. X.

Le saint siége les a très-amplement pourvus d'indulgences ; il est vrai que dans l'hypothèse où tout, chez l'homme, ne deviendrait pas habitude, rien ne serait si pénible et plus méritoire, pour des gens accoutumés aux délices de la vie, que d'assister au supplice des criminels ; alors, jamais indulgences, si toutefois indulgences ont quelques vertus, n'auraient été mieux méritées ; mais nous avons la preuve évidente que le supplice, telle horreur qu'il inspire, est pour le patient seul ; tout le reste est spectateur, assez souvent même, aussi indifférent que curieux ;

---

que des cavernes épouvantables, des feux, des hommes, qui sont les mineurs, ressemblans à des diables, tous vêtus d'un cuir noir, ayant sur la tête un camail, une pièce du même cuir en pointe sur le visage, au-dessus du nez, descendant sur la poitrine ; le tablier et la chaussure de même. •

K 3

ainsi donc le mérite de cette infernale mascarade, est bien chimérique ; son inutilité seule est réelle ; ce n'est que ,

> Mensongère piété ,
> » Vertus imaginaires ,
> Qu'inventa la vanité ,
> » Pour masquer nos misères.

Leur soin principal est d'accompagner au supplice les criminels (2) ; en conséquence , ils sont avertis , le soir de la veille d'une exécution , par un de leurs valets (3), et le matin du jour du supplice , par le son d'une cloche qui ne sert qu'à cet usage ; aussi-tôt ils vêtent leur uniforme effroyable (4), ils se mettent en marche processionnellement deux à deux , précédés de leur croix (5), de beaucoup de

----

(2) Hanno per cura principalemente d'accompagnare alla morte con habito assai mesto e lugubre, i rei, che della guistitia condennati sono. *Sansovino , pagina 91.*

(3) On nomme en italien, cette sorte de valet, nunzuolo, c'est-à-dire, en français, petit nonce, ou petit messager, puisque le mot nonce signifie messager, et le diminutif italien doit s'exprimer à la française , par le mot petit.

(4) César Veccellio, auteur italien, dit : l'habito qui sopra posto, è molto spaventevole e horrendo, etc. ; l'habit exposé ci-dessus, est très-épouvantable , même horrible , etc.

(5) Le christ de leur église est le même qu'ils portent à leurs marches funèbres ; il salvatore nostro in croce, è quell' istesso che dalli sopra detti fratelli vien portato, quando accompagnano detti rei al luogo della giustitia. *Sansovino, pagina 91.* Si nous en croyons nos auteurs italiens, et leur usage, ce christ est de pierre de touche, comme le reste ; car pour l'accompagner, au lieu de marbre, qui n'est pas rare dans ce pays, on lui a fait deux figures en bronze , et de

grandes torches noires et de cierges de la même couleur (6), et se rendent à la prison du criminel qui va mourir ; arrivés à la porte de la prison, ils l'y attendent, puis le conduisent jusqu'au lieu où il doit subir son jugement ; alors, comme dit Boileau,

» On voit dame justice en grosse compagnie,
» Mener tuer un homme en cérémonie.

L'exécution faite, la confrairie s'en retourne dans le même ordre à son église ; elle est dédiée à Saint-Jérôme.

On ignore l'époque de l'établissement de cette confrairie ; les auteurs du pays ne nous offrent rien de satisfaisant sur l'origine de ces pénitens, ils disent seulement, qu'au seizième siècle on ne les regardait pas comme fort anciens ; ils parlent de leur église, connue à Venise sous le nom d'école de Saint-Fantin, parce qu'elle est voisine de la paroisse de ce nom, mais ce n'est que pour en faire une brève description ; cependant, poussés par leur goût naturel pour les beaux arts, ils entrent dans quelques détails, touchant les chefs-d'œuvres nombreux de peinture et de sculpture qu'elle contient.

La plus grande partie de cette église est bâtie en pierre de touche ; on sait qu'elle est belle, bien noire, et que la finesse de son grain la rend suscep-

---

grandeur presque naturelle, l'une est 'a Mère de douleur, *Mater dolorosa*, et l'autre, Saint-Jean consolateur.

(6) .... E molti torchi grandi neri, e assaissime candele di cera pur nera.

tible d'être employée aux ouvrages les plus précieux;
les degrés, les appuis, les colonnes, et presque tous
les ornemens sont de la même pierre ; il y a un
plafond qui est feint d'ébène, et enrichi de beaucoup de dorures, ce qui, joint aux bronzes dorés
qui y sont en grand nombre, fait une perspective
dont le coup-d'œil est aussi riche qu'agréable. Nous
passerons sous silence le détail des richesses en tout
genre que renferme cet oratoire; nous nous borne-
rons à indiquer les auteurs qui les décrivent, afin
qu'on puisse les consulter. Nous ajouterons seulement que la richesse et le goût des décorations,
tant pour le choix des matières que pour l'exécution du travail, n'ont été confiées qu'à des mains
habiles dans tous les genres. Les chefs-d'œuvres qui
en font l'ornement, semblent se disputer à l'envi
la beauté de ce somptueux édifice, dont l'aspect
riche et singulier, surprend agréablement le curieux
voyageur ; mais si le hazard le fait arriver un ven-
dredi, il est embarrassé de choisir entre les merveilles des arts et celles de la nature ; car le concours des Venitiennes, que la dévotion y conduit
ces jours-là, est nombreux ; et l'on y trouve la
beauté, parée de tout ce qu'elle a de séduisant ;
mais pour réussir près d'elle, en général, il faut
dans ce pays,

> » Tendresse, qui jamais n'étale ses services ;
> » Délicatesse, sans caprices ;
> » Soins plus amoureux que brillans ;
> Timidité flatteuse, ardeurs toujours égales ;
> » Respect, constance, enfin, les vertus pastorales.

Fontenelle.

Nous ne croyons pas que sous de tels étendarts, on trouve beaucoup de Français ;

> » Pour eux, la plus aimable est la moins inhumaine,
> » Et de telles douceurs qu'on flatte leurs desirs,
> » Ce qui leur donne de la peine,
> » Ne leur donne point de plaisirs.

Corneille.

Scudéri, la moderne Sapho, eut beau les prêcher et leur répéter même jusqu'à la satiété ;

> » Ah ! si vous connaissiez les amoureuses peines,
> » Vous sauriez qu'en mourant on adore ses chaînes.

Sa morale platonique n'a pu les convertir ; il n'est rien au monde de si constant, que leur inconstance.

Leur habit consiste en un sac d'étoffe noire, un voile de même étoffe et couleur, qui leur cache le visage, n'ayant que deux trous pour voir clair, et sur la place de la bouche, est cousue une image de la Vierge, une autre image du Christ, dans un petit tableau, aussi attaché sur la poitrine ; ils en tiennent encore une autre, représentant le buste d'un *ecce homo*, encadré, et avec un manche pour le tenir plus commodément à la main.

Ils ont une ceinture, et de la main gauche ils tiennent une chaîne emmanchée, et la secouent tout le long du chemin, en escortant le criminel, pour rendre l'appareil du supplice encore plus affreux.

Tout ce qui leur sert est noir, jusqu'à la cire même qu'ils brûlent. Heureux si leur morale ne se ressent pas de leur couleur favorite.

Voyez la *fig.* n°. 2 , *pl.* n°. 8 , que nous avons imité de César Veccellio , et J. Ch. Bar.

CONCLUSION.

Cette confrairie , comme toutes celles de la même espèce , est l'ouvrage des préjugés , de l'ignorance , de l'orgueil , de l'envie de se distinguer , ou de s'a-muser comme les enfans qui jouent à la chapelle; chaque climat a ses penchans.

> Le nord a du goût pour les armes ;
> Au midi , le culte a ses charmes.

Les hommes , par-tout , sont des grands enfans, il leur faut des hochets pour tous les âges ; au surplus , ces sortes de sociétés peuvent être considérées comme le thermomètre le plus sûr pour connaître le degré de philosophie d'un pays ; c'est là leur seule utilité réelle.

Les auteurs qui traitent de ces pénitens , sont :

César Veccellio , *habiti antichi e moderni , etc.*, *libro primo , pagina* 174 , *in-8°. Venetia* , 1590.

Francisco Sansovino , *Historia di Venezia , lib.* 1 , *p.* 91 , *in-4°. Venezia* , 1604.

Giambatista Albrizzi , *Forestière illuminato intorno le cose più rare e curiose di Venezia , p.* 67 , *in-8°. Venezia* , 1711.

Hélyot , *Hist. des ord. relig. etc.*

Et J. Ch. Bar , *Recueil de tous les costumes monastiques , religieux et militaires de toutes les nations , tom, 2 , in-fol. Paris* , 1780.

CHAPITRE XVI.

RELIGIEUSES CONVERTIES,

OU

PÉNITENTES DE LA MADELAINE,

DITES VULGAIREMENT MADELONETTES, A METZ.

LES victimes de la faiblesse humaine, ou de la mauvaise éducation générale, sont seules reçues dans cet ordre, pour y vivre en recluses.

> » Aux malheureux la solitude est chère ;
> » Elle est pour eux l'asyle du bonheur.
>
> *Desmoustier.*

Mais le tems qui détruit tout, n'ayant pu rétablir ce qui leur manquait, lorsqu'elles sont entrées au cloître, a au moins effacé peu-à-peu les signes caractéristiques de leur admission à la profession ; car elles se donnent à présent pour vestales, puisqu'elles prétendent être chanoinesses.

Il n'y aurait rien d'étonnant que l'on eût changé leur institut, et que l'on eût admises des chanoinesses dans une maison destinée d'abord à des repenties ; mais dans ces cas, dont nous avons plus d'un exemple, il existe des titres de cette mutation, et l'on ne conserve jamais un nom que la décence ne permet pas de porter sans de justes droits, en effet, quelle gloire peuvent prétendre des religieuses vierges, à passer pour des repenties? Serait-ce un raffinement d'humilité chrétienne? La chose prêterait à la plaisanterie ; car on plaisante presque toujours sur de semblables accidens ; d'ailleurs, on pourrait souvent leur dire, citant la charmante patronne,

> » Madelaine aimait son prochain,
> » Autant et bien plus qu'elle même.
>
> . . . .
>
> » Il faut imiter Madelon,
> » Vous qui portez ce joli nom.

P. L. M. de G.

Beaucoup, à la vérité, ne se feraient peut-être pas trop prier pour suivre un si doux conseil ; il ne serait même pas besoin, pour les encourager, de leur dire,

> » *Des doux* péchés, si vous suivez la trace,
> » Si vos beaux ans sont livrés à l'amour,
> » Consolez-vous ; la sagesse a son tour.
> » Jeune on s'égare ; et vieux on obtient grace.

Voltaire, Chant XI.

Mais le titre de chanoinesse, que deviendrait-il alors? Ce qu'il deviendrait?..... Ce qu'il devenait à la cour....... La parente de l'auteur de l'anti-Lucrèce (1), nous a prouvé jusqu'à l'évidence, qu'

> » Il est avec le ciel des accommodemens.

Molière.

---

(1) Cet ouvrage est du fameux cardinal de Polignac, qui a joué un

Au surplus, et quoiqu'on en dise, ces Madelonettes, car elles n'ont pas d'autre nom, ne pouvaient être admises à la profession, qu'après avoir prouvé qu'elles en étaient bien dignes. Il fallait que chacune d'elles pût dire,

> » Je suis, ma sœur, une pauvre mondaine ;
> » De grands péchés mes beaux jours sont ourdis ;
> » Et si jamais je vais en paradis,
> » Je n'y serai qu'auprès de Madelaine.

Voltaire, Chant IX.

On croira sans peine que plusieurs d'entr'elles s'étaient volontairement vouées au cloître,

> » Car de l'amour à la dévotion,
> » Il n'est qu'un pas ; l'un et l'autre est faiblesse.

Voltaire.

Elles étaient vêtues de blanc et noir comme des pies ; c'est-à-dire, d'une robe, un scapulaire, et une guimpe de toile fine, qui couvrait, enfin, ce que le monde vit trop à découvert ; tout ce vêtement est blanc ; le manteau et le voile sont noirs ; ce que l'on peut voir par la *fig.* n°. 1, *pl.* n°. 8. Les converses ne différaient des religieuses, que par le scapulaire, qui était noir, ainsi que leur cappe.

RÉCAPITULATION.

Nous n'avons rien découvert sur leur origine ;

---

grand rôle dans le monde politique, et dans la république des lettres. Il naquit en 1561, et mourut en 1741, à 80 ans. On peut consulter son article dans le dictionnaire des hommes qui se sont fait un nom, etc., on n'en regrettera pas la peine.

elles paraissent avoir été soumises à la règle de l'incendiaire Dominique ; quand à leur prétendu titre de chanoinesse, on ne sait que penser de cette gloriole ; on sait aussi qu'il est des chanoinesses, et beaucoup, qui ont des droits incontestables au grade de Madelonettes ; mais on n'ignore pas non plus qu'il n'existe pas une Madelonette, proprement dite (2), qui ait le droit d'aspirer à celui de chanoinesse.

CONCLUSION.

Dans nos mœurs actuelles, l'utilité des maisons de cet ordre peut se révoquer en doute ; mais leur régime passé eût pu être perfectionné de manière à ne pas priver pour toujours de la société, les sujets qu'elles renfermaient ; les fautes étant passagères, les peines qui les punissent ne doivent pas être sans terme, car n'en avoir d'autre que celui de la vie, c'est n'en avoir pas ; on ne peut nier qu'une telle existence, est une mort cruelle et anticipée.

> » Si ce malheur au cercueil
> » Conduisait les pauvres filles,
> » Combien d'honnêtes familles,
> » Parmi nous, seraient en deuil !

Desmonstier.

---

(2) Il n'y avait dans cet ordre, que la supérieure de chaque maison, qui dût et qui fût censée être vierge, afin qu'un aveugle n'en conduisît pas d'autres. Cependant il n'y a rien de si plaisant que d'entendre, à présent, ces dames, elles veulent presque toutes persuader, que le nom de leur ordre était sans conséquence. Il nous semble voir une boîteuse, qui s'efforce de persuader qu'elle marche droit.

D'ailleurs , ces azyles n'ont pas besoin d'être soumis à un régime monacal , ni même religieux ; il suffit qu'il soit sage , pour remplir le but de correction fraternelle , que doit se proposer le législateur , et d'utilité qu'en doit retirer l'infortunée pour lequel il existe ; ainsi donc il ne faut pas en faire des sépulcres , ou tout au moins des prisons ; à quoi servent ,

> » Ces grilles , ces sombres reduits ,
> » Où l'on sacrifie aux ennuis ,
> » Les plus beaux jours de notre vie ?

Desmoustier.

Nos recherches particulières et locales , les mémoires manuscrits de 1708 ; l'histoire des évêques de Metz , par Murisse , le père Hélyot , et J. Ch. Bar , ne nous ont donnés , sur ces prétendues amphybies , d'autres notions que celles relatives à leur titre usurpé , de chanoinesses , leur véritable nom , et leur habit , que nous représentons d'après ces auteurs.

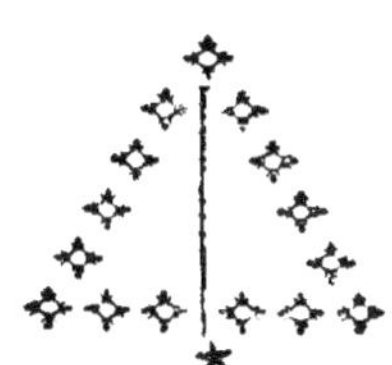

CHAPITRE XVII.

RELIGIEUSES DE S. GILBERT (1)

DE SIMPRINGAM EN ANGLETERRE,

Institué dans la maison paternelle du fondateur de ce nom, l'an 1146.

Ce fondateur Anglais, doué d'inclinations semblables à celles du Français, créateur de Fontevraud, retira, dans sa maison paternelle, des jeunes filles honteuses de leur misère, peu vaines de leur beauté, et fort craintives sur l'avenir ; il leur fit sentir la nécessité d'abandonner le monde, de craindre son inconstance, les suites de ses plaisirs, et sur-tout la misère, compagne ordinaire d'une vieillesse qu'a précédé la volupté, croyez-moi, leur dit-il, évitez les regrets.

» A l'abri d'une longue et sûre indifférence,
» Jouissez d'une paix plus douce qu'on ne pense.
Deshoulieres.

(1) Il était fils de Jocelin, gentilhomme normand, seigneur de Simpringam et de Tyrington, dans le comté de l'Incoln, et d'une Anglaise. Alors les noms propres n'étaient pas héréditaires, et les enfans ne portaient pas celui de leur père. On voit même de nos jours, en Espagne, que les femmes n'y portent pas le nom de leur mari.

Son

Son troupeau, peu nombreux d'abord, ne consista que dans sept, élues parmi un plus grand nombre, qui ne se laissa pas persuader si promptement; il avait beau leur dire avec Deshoulieres,

» Pourquoi s'applaudir d'être belle?
» Quelle erreur fait compter la beauté pour un bien?
» A l'examiner, il n'est rien
» Qui cause tant de chagrin qu'elle.
» Je sais, que sur les cœurs, ses droits sont absolus;
» Que tant qu'on est belle, on fait naître
» Des desirs, des transports et des soins assidus:
» Mais on a peu de tems à l'être,
» Et long-tems à ne l'être plus.

Elles attendirent néanmoins, pour grossir son troupeau, que le tems et l'expérience les eussent décidées. Cela n'empêcha pas qu'il eut un soin particulier de ses recluses, il leur donna des servantes externes qui leur apprêtaient leur nourriture hors la maison. Ces servantes furent remplacées par des sœurs converses, et avec le tems, il leur fit venir des frères convers pour cultiver les terres et gérer les affaires du monastère; car cette maison en devint un, par les conseils et sous l'autorité de l'évêque Alexandre. Ce fut à cette époque qu'il ne se regarda plus comme le propriétaire de ses biens; mais seulement comme l'économe et le dispensateur qui devait les répandre sur les pauvres filles qui souffraient en secret de la misère.

Son ordre s'accrut au point, que ses biens, tout considérables qu'ils étaient, devinrent insuffisans pour un si nombreux troupeau. Ce fut à cette époque

qu'il reçut des bienfaits , ce qu'il craignait plus que
la pauvreté , sachant que lorsqu'ils deviennent considérables , ils éloignent la paix et la vertu, qui ne
se plaisent que dans la médiocrité , et que le plus
souvent , ils font des donateurs autant de despotes
insupportables pour un sage , et particulièrement
encore , lorsqu'il a sous sa garde des jolies filles.

Le roi donna son agrément à cet établissement ;
des princes et des grands , firent à son imitation des
dons considérables à ce monastère ; l'impérieuse nécessité contraignit Gilbert à les accepter. Ne se
croyant plus en état de conduire tant de monde ,
n'ayant point de religieux lettrés pour leur donner
cet emploi , il fut en France chercher des moyens,
il voulut mettre son ordre sous la conduite des religieux de Cîteaux ; mais ils le refusèrent , alléguant
qu'il ne leur était pas permis de se charger de religieux d'un autre ordre que le leur , à plus forte
raison des femmes.

Ils étaient bien changés quand Boileau a dit d'eux :

» La mollesse à Cîteaux a choisi son séjour,
» Les plaisirs nonchalans folâtrent à l'entour.

Il consulta le fameux *Bernard* , de Clairvaux , et
d'après ses conseils , il retourna en Angleterre ; il
reçut des chanoines à qui il confia ce soin.

Les religieuses , les sœurs converses , les frères
laïques et les chanoines , formaient quatre communautés différentes , sous la même cloture , et qui
avaient chaque , un réfectoire où présidait une supé-

rieure ou supérieur , tiré de leur corps. Ils étaient distingués entr'eux , tant par la forme que par la couleur de leurs habillemens ; ce qu'on peut voir par les *figures* , numéros 1 , 2, 3 , 4 , *planches* , numéros 16 et 17 , *figures* 5 , 6 , 7 et 8 , *planches* , numéros 18 et 19.

Les moinesses , car c'était le nom que leur avait donné Gilbert , suivaient la règle de Saint-Benoît , et les chanoines étaient soumis à celle du pénitent Augustin , et les convers des deux sexes n'avaient d'autre règle que le travail des mains , et de réciter quelques prières , vu leur profonde ignorance ; car ils étaient ignorans , quoiqu'ils n'eussent pas l'honneur d'être gentilshommes (2).

---

(2) On se rappelle que , dans ces tems heureux où l'Eglise planait sur les rois et les empereurs , les grands se vantaient de ne savoir pas même signer , attendu qu'ils étaient gentilshommes. La noblesse laissait au clergé le soin des études , qui n'étaient pas fort étendues ; mais le peu qu'on pouvait avoir de science , était toujours beaucoup en comparaison de la profonde ignorance du reste des nations. Si ces études leur donnaient quelques soins , ils en étaient amplement dédommagés par les jouissances qu'ils en retiraient ; car c'était , pour eux , une source de lucre et d'honneurs : c'est cette science qui fit de Bernard l'oracle des souverains de son tems ; ce que ces quatre vers expriment assez clairement :

» Bernard fut fécond en miracles ;
» Tout obéissait à sa voix ;
» Ses conseils étaient des oracles
» Pour les pontifes et pour les rois.

Quand à ses miracles , l'analyse actuelle n'aurait pas la même conclusion que de son tems ; les espsits ne sont plus les mêmes , on connaît à fond , on sait apprécier à présent ce que sont les miracles.

L'ordre de Cîteaux crut avoir le droit de reven-
diquer celui-ci, qu'il avait d'abord rejetté ; ses raisons étaient, que les convers de Gilbert se vêtaient
et mangeaient comme ceux de Cîteaux ; il est heureux, pour ce fondateur, que les Cisterciens n'ayent
pas poussés plus loin leur examen ; car s'il s'en était
suivi de la ressemblance des actions, que les Gilber-
tins leur appartinssent, ils auraient trouvés, sans
doute, encore beaucoup d'actions, autres que le
manger, qui auraient eues de la ressemblance avec
celles de leur ordre.

Ils étaient d'ailleurs bien dissemblables à beaucoup d'égards des religieux de nos jours, ils étaient
laborieux, sobres, et ne buvaient que de l'eau.

Nous ne pénétrerons pas le motif de la clôture
sevère qu'il ordonna, et du silence étroit qu'il prescrivit ; il semble qu'il ait voulu les en dédommager par toute la commodité possible dans les vêtemens ; il était persuadé que quiconque a le corps
glacé ne doit pas avoir le cœur ardent.

Il crut devoir ajouter à la clôture la plus exacte,
la difficulté de la grille ; elles étaient toujours ac-
compagnées de deux anciennes, et les religieux,
de leur côté, ne pouvaient leur parler qu'étant aussi
accompagnés de deux religieux ; de sorte qu'il y
avait toujours quatre personnes étrangères à la con-
versation, chaque fois qu'un religieux et une religieuse voulaient se parler : il faut convenir que
voilà du tems bien employé, et que rien ne peint

mieux l'ignorance , l'esclavage et le despotisme.

> » Mais ils avaient de quoi pour bien dîner,
> » Or en dînant, de tout on se console.
>
> *Richardet.*

Si nous en croyons certaines chroniques, l'expérience lui avait prouvé combien la liberté était incompatible avec la sottise du cloître ; toutes les précautions , pour parler à la grille , nécessaires dans tous les couvents pour y contenir les victimes , devenaient indispensables dans ceux - ci , qui étaient doubles de religieux et de religieuses , et dont les réfectoires communiquaient ensemble par des fenêtres ou tours , et où les deux sexes avaient, plusieurs fois le jour , occasion de se rencontrer , puisque les religieuses étaient les nourrices des religieux convers et des chanoines.

Quoique du même sexe , les religieuses n'étaient point mêlées au réfectoire avec les sœurs converses; chacune avait le sien , et chaque classe était présidée par une supérieure de son rang ; ce qui faisait toujours quatre supérieurs du même grade , quoique de rang différent , dans chaque couvent.

On ne sera pas surpris , sans doute , que cet assemblage des deux sexes sous un même toît , qui , au douzième siècle , était si fort du goût des fondateurs , ait , soit par envie , jalousie , ou toute autre raison , trouvé des censeurs , et ait donné lieu , les *uns* disent à la médisance , ce qui est assez vraisemblable , les *autres* , à la calomnie , ce que nous croyons plus

L 3

décent de dire pour l'honneur de l'ordre ; car il eût beau , repondant aux langues méchantes , s'écrier dans son incroyable sécurité ,

> » Oui , malgré tout le bruit qu'excite autour de nous ,
> » Le démon , la chair et le monde ,
> » Parlez , seigneur , parlez , je n'écoute que vous.
> *L'abbé Têtu.*

Ce langage spécieux n'en impose qu'à des sots , et Molière leur eût dit tout bonnement :

> » Je veux croire qu'au fond il ne se passe rien.
> » Mais enfin , on en parle , et cela n'est pas bien.

Il éprouva , comme Robert d'Arbrissel , ce que peuvent les langues qui s'occupent des actions des autres : ces mêmes convers des deux sexes , qui pourtant lui devaient l'existence , l'accusèrent dans ses mœurs , flétrirent sa réputation ; cela fut jusqu'au pape , qui , malgré son infaillibilité , se laissa prévenir trop facilement contre lui.

> » Du vrai comme du faux , la prompte messagère ,
> Avait trop aisément prévenu le Saint-Père.

Mais à la persuation d'Henri II , et des évêques de son royaume , il revint sur ses pas ; il protégea cet ordre , qui fleurit près de quatre siècles.

Il commença en 1146 , et le schisme de Henri VIII le détruisit vers l'an 1539 , ce qui fait 393 ans de durée.

De tout tems , ceux qui ont voulu dominer au nom du ciel , ont senti que , pour y réussir , il fal-

lait en imposer au vulgaire , par une conduite différente de celle de la multitude (3) ; de-là vient l'invention anti-sociale de la chasteté monastique , du
célibat ecclésiastique , et de tous ces usages proscrits par la sage nature : c'est le même principe qui
fit que le concile de Nicée (4) défendit de construire

---

(3) Le peuple , jusqu'à présent beaucoup trop crédule , et trop ami
du merveilleux , a toujours eu de la considération pour les individus , dont la conduite extraordinaire était fort éloignée de la nature ;
quoique cette mère commune ne l'ait pourtant jamais trouvé ingrat ;
car c'est chez le peuple que se trouve le germe pur de toutes les
vertus , quand la contagion du mauvais exemple n'y a pas encore pu
introduire la corruption. Le luxe des grandes villes nuit plus aux
mœurs des campagnes voisines , que le fléau destructeur de la peste.
Donnez de bons exemples au peuple , et vous le trouverez vertueux.

(4) Il s'y tint en 787 , pour éviter les vexations de l'armée et des
soldats , que les évêques , ennemis des images , avaient gagnés pour
troubler l'assemblée. On y fit aussi des réglemens pour les évêques :
le clergé était si savant dans ces heureux siècles , qu'il ne pouvait
souffrir , parmi ses membres , des gens qui ne fussent pas instruits ;
c'est pourquoi l'on prescrivit une règle pour l'examen des évêques ,
on ordonna qu'ils ne pourraient être admis qu'ils ne fussent capables
d'instruire les peuples. On déclara nulles toutes les élections d'évêques
ou de prêtres , faites par des princes séculiers , parce que la plupart
de leurs protégés n'avaient pas la science requise pour un si saint
ministère.

On ne sera pas fâché d'avoir une idée des études de ces tems-là ;
il fallait que les évêques sussent le pseautier , l'évangile , les épitres
de Saint-Paul , et les canons. Les prêtres n'auraient pu atteindre a un
si grand degré de science , sans se faire taxer d'ambition , c'est pourquoi le plus grand nombre était excessivement ignorant ; car il n'était
pas rare alors de trouver des évêques qui ne sussent point écrire , à
plus forte raison les prêtres. Tel était encore le clergé au huitieme
siecle.

des monastères où les religieux et les religieuses demeureraient ensemble, et ordonna aux moines et aux religieuses d'avoir des maisons séparées, où ils ne pussent ni se voir ni se parler ; mais au douzième siècle, cette défense était oubliée ; on se contentait alors, comme fit Gilbert, de construire des monastères doubles, où les hommes et les femmes n'avaient que trop occasion de se rencontrer, et l'on sait que,

> Sous même toit, amour, aisément nous assemble.

Et l'article qui défend de se voir et de se parler, restait provisoirement oublié, parce que toujours,

> La nature maîtrise notre cœur,
> » Elle est pour *nous* la *source* du bonheur !

Cependant pour ne pas heurter de front les ordres de l'église, on fit des réglemens pour entraver les passions ; on les suivit si l'on put, et il en arriva ce que voulut le destin.

> » Car de l'amour à la dévotion,
> » Il n'est qu'un pas ; l'un et l'autre est faiblesse.
>
> *Voltaire.*

L'habillement des religieuses consistait en trois tuniques pour le travail, deux coules blanches, un voile noir, fourré de peaux d'agneaux, pour le cloître, l'église, le chapitre, le réfectoire et le dortoir ; une pelisse de peaux d'agneaux, une chemise ou tunique de gros drap. Voyez *figures* numéros 1 et 2, ci-jointes, *planche* n° 16.

Les sœurs converses étaient vêtues de noir, et au lieu de coules, elles avaient des manteaux aussi fourrés de peaux d'agneaux, ainsi que leur voile, qui était noir comme celui des sœurs de chœur. Voyez la *figure* n° 5, ci-jointe, *planche* n° 18.

Pour l'habit des convers et des chanoines, nous les joignons au chapitre de ces religieux.

Le voile était d'usage pour la coîfure ordinaire ; mais il servait aussi à cacher le visage, toutes les fois que des nécessités, ou physiques ou spirituelles, donnaient l'entrée à des médecins ou des religieux, dans l'intérieur du couvent ; dans ces cas, le médecin ou le religieux recevaient, à la porte extérieure du couvent, une petite sonnette, qu'il devait agiter tout le long de son chemin, pour avertir les religieuses de sa présence, et les inviter à la retraite (5).

Il ne voulut point admettre de postulante avant l'âge de douze ans, et il fallait en avoir quinze pour être reçue novice ; on était obligé de savoir le pseautier, les hymnes et les antiennes, avant de faire profession. On ne peut disconvenir que, munies de ces profondes sciences, on était bien utile au monde ; aussi n'existe-t-il pas d'être plus ridiculement inutile qu'une religieuse.

---

(5) Mais quelques-uns de nos esculapes modernes, friands de minois de nones, la mettait dans leur poche, et par cette ruse, bien coupable, rencontraient, à visage découvert, les innocentes beautés, que la sonnette aurait fait cacher ; mais aussi, pour les punir de leur témérité, le Ciel vengeur envoyait quelquefois à leur rencontre des sempiternelles.

On objecterait en vain que celles qui se consacrent à l'éducation publique , ne doivent pas être
confondues avec les autres , ni enveloppées dans
cet anathême ; nous en serions d'accord , si , an
lieu de fatiguer la jeunesse qui leur est confiée , par
de rebutantes minuties , qu'elles regardent comme
des choses essentielles , faute d'en savoir plus , elles
la traitait avec les entrailles maternelles que doivent
avoir toutes les institutrices ; mais leur institut étant
vicieux dans sa base , ne peut pas être sain dans ses
résultats ; c'est bien là qu'on peut appliquer le *mot*
de l'évangile : « *un mauvais arbre ne peut porter de*
» *bons fruits , et l'on ne voit pas des raisins sur*
» *des épines* ».

RÉCAPITULATION.

Cet ordre fut institué à Simpringam , au comté
de Lincoln , en Angleterre , vers le milieu du douzième siècle , par *Gilbert.*

Le goût naturel de ce fondateur , le porta à secourir les jeunes filles oppressées par la misère , et
en danger d'en être la victime : cela ne pouvait
regarder que les jolies ; car l'expérience nous prouve
que si ,

> » Tout devient affreux avec la PAUVRETÉ,

Boileau.

La laideur , à coup sûr , ne peut pas être embellie
par ELLE : conséquemment les laides sont à l'abri de
la séduction. Au surplus , c'était son goût.

> » Hélas! de son penchant , personne n'est le maître.

Deshoulieres.

On pourrait dire, sans méchanceté, que ce tendre sentiment, ce mouvement de compassion, ce penchant si doux, que souvent on nomme pitié, mène à l'amitié.

  » Qu'aisément l'amitié jusqu'à l'amour nous mène,
  » C'est un penchant si doux, qu'on y tombe sans peine.
Corneille.

Rien n'est si vrai, il faut en convenir ; mais aussi pourquoi ne pas croire,

  » Que des divines loix, observateur rigide,
  » Il n'eut, dans ses projets, que la vertu pour guide.
L'abbé Abeille.

Laissons, laissons les méchans jetter un mauvais vernis sur les actions, même les plus innocentes, et reprenons le fil de notre histoire. Enfin, il persuada ces belles victimes de l'aveugle fortune ; il leur peignit le siècle, leur dit :

  » Trop de perversité règne au siècle où nous sommes,
  » Et je veux vous tirer du commerce des hommes.
Moliere.

Elles y consentirent : il sacrifia fortune, repos, enfin tout ce qu'il avait de plus cher, pour leur procurer le bonheur, il savait

  » Que l'Eternel, aussi juste que grand,
  » A fait au riche un devoir nécessaire,
  » De soulager, dans le pauvre souffrant,
  » Un serviteur, un compagnon, un frère.
Guyot de Merville.

Le but moral de cet ordre, fut de servir d'asyle à la jeunesse en danger pour ses mœurs.

Son caractère, était celui de la retraite paisible et commode.

Son utilité particulière et primitive, fut concentrée d'abord dans les familles pauvres qui avaient de jolies filles, et devint propice, dans la suite à toutes, et aux pauvres paysans qui vinrent cultiver les terres et biens des monastères, et enfin aux élus qui eurent le bonheur d'en être chanoines.

Quand à son utilité publique, elle fut celle de tous les couvents, dans tous les climats et dans tous les siècles.

Finalement, sa suppression rendit à la société des individus faits pour lui être utile, et n'ôta rien de la félicité générale de l'Angleterre.

CONCLUSION.

Cet ordre fut, comme tant d'autres, établi pour inspirer à des êtres, qui n'ont point encore de caractère formé, la haine indéfinie du monde, et l'amour infini de soi-même, pour faire le sacrifice infructueux de ce que l'on a de plus précieux, de la liberté, de ses goûts, et enfin de toutes ses facultés, en échange de l'assurance de vivre dépourvus de toute consolation, éloignés de tout ce que le cœur humain peut desirer, et de ce dont il a le plus de besoin dans le cours de la vie, c'est-à-dire, en bon français, en échange, du malheur et du plus complet possible. En considérant ce chimérique étalage de philosophie chrétienne, l'on ne peut

(173)

s'empêcher de dire , avec *Saint - Evremont* ;

» Heureux qui peut avoir l'âme vraiment stoïque !
» Il voit sans s'étonner les plus grands accidens :
  » Rien ne l'émeut, rien ne le pique ,
» Egalement tranquille au-dehors , au-dedans.
    » Mais à cette philosophie ,
  » J'ajouterais volontiers la gaieté
      » Et l'innocente volupté ;
» Sans ces deux points , ce n'est rien que la vie.
» Insensible au chagrin , et sensible au plaisir,
» C'est à quoi je voudrais borner tout mon desir.

Mais il est cruel qu'une certaine fatalité attachée à la condition humaine , rende tous les jours ces souhaits inutiles , et confirme tous les jours cette belle sentence du duc de la Rochefoucault : » *La* » *philosophie triomphe aisément des maux passés ,* » *et des maux à venir ; mais les maux présens* » *triomphent d'elle* ». C'est ce qui prouve combien il y a de folie à faire le sacrifice du seul bien qui peut nous aider à supporter les peines de la vie , la *liberté !* car l'esclavage du cloître ne garantit pas des chagrins attachés à la condition humaine ; au contraire, il les rend plus cuisans , il en aggrave le poids ; c'est une *vérité dure ;* mais c'est *une vérité.*

» Le tems qui fuit sur nos plaisirs ,
» Semble s'arrêter sur nos peines.

S. Lambert.

Les vices et les vertus de cet ordre furent de la classe commune aux autres ordres ; mais son habit fut un peu différent ; nous le représentons comme objet de curiosité , qui , d'ailleurs , peut servir dans un bal ou au théâtre , quoique moins ridicule que

beaucoup d'autres ; car il n'avait rien de particulier alors.

Les auteurs chez qui nous avons puisé , sont:

Roger Dodworth et Guillem. Dugdalle , *Monasticon
Anglicanum , tome 2 , etc.*

Nicol. Harspsfeld , *Histor. Anglican. sœcul.* 12 ,
cap. 18, etc.

Bolland , *Acta SS.* 4. *februar , etc.*

Adrien Baillet , *Vie des Saints ,* 4 *février , etc.*

Ascan. Tamburinus , *de Jure Abbatum , tome* 2.
disput. 24 , *quæst.* 5 , *numer.* 34 , *etc.*

Alexandre Ross , *traduit par Thomas de la Grue ,
Les Religions du monde ,* 10 *division , p.* 462 , *etc.*

Capgraaf et Scroop , *en la Chronique , etc.*

Crantz.

Trithem.

Segeberti Continuator.

Balœus , ect. etc. etc.

Hermant , *Histoire des Ordres Religieux , tome* 2 ,
chap. 35.

Philippo Bonanni , *Catalogo degli Ordini Religiosi,
parte prima , etc.*

Giannone , *Hist. générale de Naples , brûlée à Rome,
en* 1726 , *par ordre du Pape.*

Dictionnaire de Trévoux , au mot Simpringam , *t.* 7.

L'Art de vérifier les dates , in-fol. 1770.

Le père Hélyot , *Histoire des Ordres Monastiques,
Religieux , etc. , tome* 2 , *pag.* 188 , 195 , *etc.*

Et le Recueil de tous les costumes monastiques Religieux et Militaires, *par J. Ch. Bar , in-folio ,
figures coloriées ,* 1778 , *etc.*

CHAPITRE XVIII.

RELIGIEUX DE S. GILBERT,

DE SIMPRINGAM, EN ANGLETERRE,

Institués vers l'an 1148.

CETTE classe de religieux ne doit et ne peut être regardée que comme accessoire à l'ordre des religieuses du même nom, puisque, sans elles, ils n'eussent jamais existés.

Les convers furent les premiers hommes introduits dans l'ordre, et comme ils n'étaient que pour mettre les terres en valeur, et gérer les affaires temporelles, qui alors n'étaient pas d'une grande conséquence, les seules qualités que l'on exigeait d'eux, étaient la vigueur du corps, la simplicité de l'esprit, l'ignorance la plus profonde, et la sobriété (1), dans toute l'étendue du mot; ce qui sous-entend l'obéissance aveugle; le fondateur n'était pas, à leur égard, de l'avis de *Voltaire*, quand il dit :

» Il faut penser, sans quoi l'homme devient
» Un animal, un vrai cheval de somme.

(1) Si ce fondateur leur prescrivit la sobriété, il ne leur épargna pas les vêtemens; et quoiqu'il portât toujours le même habit, sans égard à la saison, il eut soin que ses religieux fussent bien couverts.

Il avait considéré que c'était le travail de leurs mains qui pouvait être utile, et non leur esprit; aussi eût-il bien soin de les prendre les plus rustiques possible; ce qui ne le garantit pourtant pas, dans la suite, de leur méchanceté.

Le silence le plus exact leur était prescrit, même pendant le travail manuel, unique objet de leur admission à l'ordre. Il ne leur était pas permis d'avoir des livres d'aucune espèce, pas même de piété, ni de savoir lire; toute leur science devait se borner au *Pater*, au *Credo*, au *Miserere mei*, *Deus*, et à quelques autres prières. Ils disaient certain nombre de *Pater* et d'*Ave*, pour *Matines* et *Laudes*, et les autres heures, qu'ils récitaient dans un oratoire qu'ils avaient en particulier. Ils avaient tous des métiers, comme tailleurs, tisserans, cordonniers, peaussiers, et autres, qui pouvaient servir à la maison : les forgerons étaient les seuls qui fussent dispensés du silence pendant le travail.

Leur genre de vie était actif, leur nourriture abondante et grossière, mais salubre; ils se contentaient de celle des pauvres; les herbes, les légumes, étaient leurs mets les plus délicats, et l'eau pure leur unique boisson.

Malgré toutes ces précautions, et quoique l'on eût le plus grand soin de les choisir sur ce modèle, afin qu'ils fussent d'autant plus propres aux travaux des champs, qu'ils étaient plus incapables de toute autre chose, cette sage prévoyance n'empêcha pas quelques-uns d'entr'eux, que *Gilbert* avait accueillis

par

par pure commisération, quoiqu'ils n'eussent pas les qualités requises, de lui causer beaucoup de chagrin par leurs médisances atroces ; ils voulurent même en venir aux voies de fait contre leur bienfai-teur. Si l'on voulait faire des réflexions sur la conduite de ces monstres, qui ont beaucoup trop d'imitateurs, pour l'honneur de l'espèce humaine, on serait tenté de ne jamais perdre de vue le précepte de *Phèdre.*

   » Il est dangereux d'assister les méchans.

   » *Malos tueri haud tutum.*

      Phædri, Fabular. Lupus et Grus.

Car enfin, il était non-seulement leur conservateur ; mais il pouvait à bon droit se dire leur père nouricier, puisque, vêtement, asile, subsistance, et généralement tout ce qu'ils avaient, était son patrimoine, son bien propre, duquel il eût pu, les laissant dans leur misère, faire un autre emploi. C'est en reconnaissance de tant de bienfaits que ces malheureux se ournèrent contre lui ; leur prétendue rigidité, ne fut autre chose que jalousie : étaient-ils en droit d'en avoir ? Mais le tems rendit leur méchanceté nulle : il affaiblit la vérité ; le bon ordre se rétablit par-tout où la médisance avait fait naître l'insubordination, et tout ce que

   » Ce monstre composé de bouches et d'oreilles,

   » Qui, sans cesse, volant de climats en climats,

   » Conte tout ce qu'il sait, et ce qu'il ne sait pas,

   » La renommée enfin, cette prompte courrière.

      Boileau.

Avait fait croire au pape, trop prompt à se per-

suader , fut nul ; car la vérité, la timide vérité ,
à la faveur d'un habit de cour, fut pour cette fois jusqu'au trône , elle s'y fit entendre ; alors le pontife
assez grand pour reconnaître sa faillibilité, se ré-
tracta, et protégea Gilbert.

Vers l'an 1148 , à son retour de France , il établit
ses chanoines à Simpringam , leur confia la direction
de tout son ordre , leur donna la règle de Saint-
Augustin , et s'y soumit lui-même, en déposant son
autorité entre les mains de Roger, un de ses compatriotes , après avoir reçu l'habit de son ordre.

Cet habit consistait , pour les convers, en *trois
tuniques blanches*, un *manteau* de couleur tannée,
doublé de grosses peaux , une chappe aussi tannée (3), et un capuce : on leur permettait encore,
pour le travail , une pelisse faite de quatre peaux
de béliers ; ce que l'on peut voir par notre *figure*
n° 4 , *pl.* n° 17 , et *pl.* n° 18 , *fig.* n° 6 , ci-jointes.

Celui des chanoines fut composé de trois tuniques ,
une pelisse de peaux d'agneaux , un manteau blanc,
avec son capuce, aussi fourré de peaux d'agneaux ,
et deux paires de chaussures et de bas , tant pour
le jour que pour la nuit ; ce que l'on peut voir par
la *figure* n° 3 , *planche* n° 17,

Nous avons imité ces costumes des auteurs Anglais , et de ceux qui ont traité de cet ordre , dont
les noms sont à la fin du chapitre des religieuses.

____

(3) Ce mot tannée dérive de *tan*, parce que ces vêtemens étaient
de cette couleur, qui ressemble à nos mottes à brûler , qui sont faites
avec du *tan*, etc.

Au chœur, ils portaient le rochet par-dessus leur tunique, et au cloître, au réfectoire, pendant la lecture, et pour les travaux de fatigue; car ces chanoines travaillaient aussi; ils quittaient le rochet et portaient la patience, ou scapulaire blanc comme le manteau, tel que les *figures* 7 et 8 les représentent, *planche* n° 19.

La privation de la viande était de rigueur; ils n'en donnaient pas même aux étrangers : les prélats, les archidiacres et les malades étaient les seuls exceptés de la prohibition ; encore fallait-il qu'ils la fissent apprêter par leurs domestiques; car il était expressément défendu aux religieux d'en jamais toucher.

Il avait sans doute oublié ces paroles de l'auteur de l'évangile : *Ce n'est pas ce qui entre dans le » corps qui souille l'âme ; mais ce qui en sort ».*

Il eut sans doute mieux fait de former leur cœur à la vertu, que de les assujettir à la pratique rigoureuse de toutes ces minuties ; car manger de la viande tous les jours de la vie, n'empêche nullement d'être très-vertueux. Bourdaloue, ce fameux prédicateur, en était si persuadé, qu'il répondit à un courtisan, qui, par ironie, lui disait un jour d'abstinence, en lui montrant un biscuit qu'il mangeait : » Mon père, cela ne rompra pas mon jeûne ? Le fin jésuite lui répondit sans hésiter :

» Mangez un veau morbleu ; mais soyez donc chrétien.

Donc il croyait, avec raison, qu'un parfait chrétien peut ne pas cesser de l'être, même en mangeant de la viande un jour de jeûne ; car le jeûne est une invention puérile des hommes.

Leurs couvens étaient doubles , et disposés de manière que le réfectoire des chanoines et celui des convers communiquaient chez les sœurs , qui , étant chargées de préparer la nourriture , leur passaient leur repas par des tours destinés à cet usage.

RÉCAPITULATION.

Il subordonna ces religieux aux religieuses ; il les voulut ignorans et grossiers , ne voyant en eux que des serviteurs. A l'égard des chanoines , il les choisit lettrés et laborieux , ce qui fit que son ordre s'accrut beaucoup en Angleterre , où il jouit long-tems d'une paix profonde , qu'il ne dût peut-être qu'à l'excessive ignorance que le prudent fondateur prescrivit aux convers.

Au commencement de 1189 , époque de la mort de Gilbert , il existait sept cents religieux dans treize couvens , neuf desquels étaient doubles de religieux et de religieuses : le nombre de ces dernières , montant à près de douze cents ; et sous le règne à jamais mémorable de Henri VIII , cet ordre possédait en Angleterre vingt-un monastères. Simprin-gam en était chef : on y tenait les chapitres généraux ; mais peu-à-peu il cessa d'exister.

CONCLUSION.

Cet ordre fut créé pour completter celui des

religieuses ou moinesses ; il avait au moins le bon esprit du travail manuel , qui aurait peut-être rendu les moines en général beaucoup plus stables s'ils l'eussent su conserver ; malgré cela , il y eut dans ce corps, comme dans tous les autres , des bons et des méchans , et l'esprit d'aggrandissement n'y fit pas moins de progrès.

Cependant le règne d'Henri VIII fit disparaître tous ces moines de l'Angleterre , où actuellement on n'en retrouve la trace que dans les tableaux des curieux et les livres des grandes bibliothèques ; ce que nous avons déjàle bonheur de voir aussi en France , et que l'on verra peut-être avant peu dans toute l'Europe.

Les auteurs qui ont traité de cet ordre , sont à la fin du chapitre des religieuses.

CHAPITRE XIX.

FRÈRES D'ÉCOSSE,

Dont l'origine est inconnue, ainsi que l'époque.

CES religieux verts, car c'est la couleur de leur habillement, sont tellement oubliés de ce monde, que sans quelques images, venues l'on ne sait d'où, il ne serait plus fait mention d'eux sur la terre.

Telles laborieuses qu'ayent été nos recherches, il nous a été impossible de rien découvrir de satisfaisant sur leur compte.

Abraham Bruin, Michiel Colyn, Modius, Schoonebeek et Hospinianus, disent, l'un après l'autre, la même chose ; Hélyot a tranché sur le tout, en disant cet ordre supposé ; mais nous, qui croyons qu'un ordre, pour être oublié, n'en est pas moins réel, nous dirons, comme nous l'avons déjà dit, que tout ce qui n'est pas d'une utilité générale, rentre tôt ou tard dans le néant.

Lorsque des empires très-florissans ont à peine laissé des traces de leur brillante existence, doit-on s'étonner si des compagnies d'individus inutiles et grossiers, pour ne pas dire plus, sont totalement oubliés ? Le hasard peut faire exister une image et la transmettre à la postérité ; mais il faut plus pour l'histoire.

Schoonebeek attribue le dépérissement de cet ordre au changemeut de religion survenu en Ecosse.

D'après ce qui nous en reste , ces moines étaient affublés d'une longue robe ou tunique , un grand manteau , tombant presque sur les pieds , et par-dessus , un camail ou mozette avec son capuce y attaché , le tout vert. Ils avaient la barbe longue , et la tête rasée en couronne monacale , tel que nous les représentons *planche* n° 20 , *figure* n° 1.

Il y en avait encore une autre espèce , qui, sans barbe et avec la couronne cléricale , était vétus de blanc ; mais nous n'avons pas plus sur leur compte que sur les verts. Ils avaient une tunique, une coule par-dessus avec les grandes manches , un manteau tombant presque sur les pieds , et par - dessus le manteau , un camail avec son capuce , le tout de laine blanche ; on les aurait pris pour des Bénédictins. Voyez la *figure* n° 4, *planche* n° 21.

Comme jadis la grande science des moines consistait à bien pourvoir leurs maisons des choses nécessaires et utiles à la vie, que la plupart croupissaient dans l'ignorance et la crasse , s'occupant uniquement de faire une bonne et ample digestion , s'embarrassant peu de transmettre à la postérité leurs faits glorieux ; d'ailleurs , semblables aux oiseaux de proie, et ne vivant comme eux que de rapine , ils étaient assez occupés du soin de guetter les mourans et les faibles, pour obtenir d'eux, dans ces derniers momens, où les préjugés ont tant de force, une partie de leur héritage.

Le reste du tems, partagé entre la table et le chœur, ne pouvait leur laisser beaucoup de loisir pour l'étude et l'histoire, sur - tout dans un tems où l'on voyait jusqu'à trois volumes dans les plus fameuses bibliothèques, telle que celle de Saint-Denis et autres; mais où, en revanche, les celliers et les caves regorgeaient de boissons dans tous les genres.

Il ne faut pas se dissimuler que dans ces siècles heureux, on sacrifiait tout à l'extérieur; c'était l'aimant qui attirait, non le fer, mais l'or.

  » L'argent, l'argent morbleu, sans lui tout est stérile ;
  » La vertu sans l'argent est un meuble inutile.

Boileau.

Et l'on n'a pas oublié non plus, que l'histoire de ces tems de félicité monacale, consiste totalement en quelques registres qui contiennent les dépenses du couvent, les noms des bienfaiteurs de l'ordre, en gros caractères, le nombre des donations et la quantité de prières que l'on doit dire pour eux. Ils n'étaient pas assez fous pour se fatiguer à l'étude ; ils savaient, et par expérience,

  » Qu'il est d'autres erreurs, dont l'aimable poison,
  » D'un charme bien plus doux, enivre la raison.

Boileau.

CONCLUSION.

Cet ordre ignorant, pendant son existence, est ignoré lorsqu'il n'existe plus.

> Le tems grava sur le sable
> Les vertus de ces lourdaux,
> Une vague ou bien un cable,
> Les emporta sous les eaux.

Pour s'en convaincre, on peut consulter :

Abraham Bruin, *Cum Comment.* Hadrian. Damm an, Michiel Colyn, Jodocus Ammanus et Franciscus Modius, Rodolphus Hospinianus, Adrien Schoonebeek, le père Hélyot, et J. Ch. Bar.

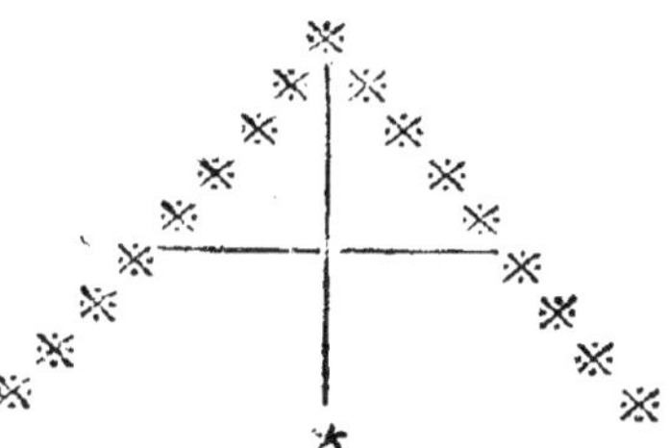

CHAPITRE XX.

RELIGIEUSES BRIGITTINES,

OU

VESTALES (1) CHRÉTIENNES DU CINQUIÈME SIÈCLE,

EN IRLANDE.

LE hasard, la sottise ou la folie, a donné naissance à cet ordre : la fondatrice, jeune, belle et riche, préféra la privation absolue de tous ces avantages, à la jouissance légitime de tous ses droits.

Sa beauté rare, et peut-être un peu sa fortune, lui attirèrent beaucoup de prétendans, parmi le nombre desquels son père distingua un jeune homme; il le vit avec plaisir rechercher sa fille. Encouragé par cette prédilection, il lui consacra tous ses soins ; mais il n'en reçut en échange que de la froide indifférence.

« Hélas, lui disait-il, selon l'usage et pour seulement l'apprivoiser, que vous êtes injuste, que vous connaissez peu mon cœur ! »

    » Sans rien oser, sans rien prétendre,
    » Près de vous je me trouve heureux.
    » Un mot, un regard un peu tendre,
    » Un sourire comble mes vœux.

---

(1) Pour l'étymologie de ce nom, l'on peut consulter notre chapitre des vestales, dans le second volume.

» L'amour exige qu'on le flatte,
» Les faveurs sont ses alimens ;
» Mais l'amitié plus délicate,
» Vit de la fleur des sentimens.

Desmoutiers.

Une *Italienne* se fut pâmée d'aise, eut été enchantée, ravie de cette tendresse platonique ; mais elle, loin d'en être émue, loin de partager les doux sentimens que faisait naître sa beauté, elle en était obsédée, son cœur n'était pas fait pour l'amour.

Il avait beau, dans son ardeur, lui répéter sans cesse : « Le tems qui, dans sa course rapide, voit à » chaque pas tout changer, excepté mon cœur, et » le vôtre peut-être ». Il n'y gagnait rien : ce cœur de marbre ou de glace, effectivement ne changeait pas ; car il n'en était pas plus affecté ; c'était bien en vain, que de l'air le plus épris, il lui disait, lorsqu'elle l'engageait à porter ailleurs ses vœux,

» Eh ! comment loin de ce qu'il aime,
» Mon cœur irait-il s'engager ?
» Mon amour est comme vous-même,
» Il ne peut que perdre à changer.

Desmoutiers.

C'est bien là le langage ordinaire des amans ; il gagna pourtant au changement ; mais elle y perdit. La *légende* dit qu'elle désira perdre sa beauté, source des importunités dont elle se plaignait, après une telle autorité l'on doit le croire : elle ajoute même que le *ciel*, c'est son langage, la satisfit à souhait, elle perdit un *œil*. Soit instinct ou connaissance du cœur humain, contente de son nouveau sort, elle desirait voir fuir la cohorte importune des soupirans, elle n'attendit pas long-tems, notre ci-devant belle ne fut pas frustrée dans ses espérances : rien ne l'empêcha plus de fuir l'hymen, dont peut-être n'avait elle pas une fort bonne idée ; elle croyait, non sans raison, que,

> » Des regrets, la noire cohorte,
> » Sur le passage nous attend ;
> » S'empare de nous en sortant,
> » Et jusqu'au logis nous escorte.

Desmoutiers.

Elle était cependant bien persuadée qu'il existe des liens fortunés, qu'

> » Il est plus d'un heureux ménage ;
>
> . . . .
>
> » Qu'on a vu des époux s'aimer......
> » Le lendemain du mariage,
> » Et huit jours après s'estimer.

Desmoutiers.

Elle savait aussi combien cette divinité perfide nous rend quelquefois malheureux :

> » Car le Dieu d'Hymen est un maître,
> » Dont on se plaint depuis long-tems ;
> » C'est un perfide, c'est un traître ;
> » C'est un monstre, qu'à dix-huit ans
> » On n'est pas fâché de connaître.

Desmoutiers.

Quoi qu'il en fût, elle n'eut point cette tentation ; elle devint laide, et fort laide, si l'on en juge par

l'effet que fit sa figure sur le cœur de son amant :
nous n'approfondirons pas qu'elle fut la source de
sa laideur , il nous suffit de savoir qu'on ne pensa
plus à elle ;

>> Que cette fille à face blême ,
>> Bien plus maigre qu'un pénitent ,
>> Vers les derniers jours de carême ,
>> Allait nuit et jour marmottant.

Desmoutiers.

Hélas ! . . . . .
En fallait-il davantage
Pour effrayer un amant ?

Aussi la constance de son prétendu ne tînt pas
contre ce malheur , il se rendait justice ; on ne peut
se dissimuler que ,

>> L'homme ne sait aimer qu'autant qu'on sait lui plaire.

Desmoutiers.

Et le moyen de plaire avec un cœur froid , un
visage de cyclope , laid et dégoutant , et par-dessus
tout cela l'humeur peu faite pour la société.

Dépouillé de sa fleur ,
Flétri , le rosier lui fit peur !
Il en abandonna l'épine.
>> *Contemnunt spinam cum cecidere rosæ.*

Ovide.

Libre enfin du côté de son futur époux et de
son père , elle prit le parti du cloître , objet constant de ses desirs.

Trois autres filles , à-peu-près du même caractère , se joignirent à elle dans la même résolution.

Elles furent trouver l'évêque *Mel*, disciple du fameux Irlandais Patrice, si connu par son purgatoire, dans la province de *Meal* ou *Médie*; l'on prétend que ce prélat, assisté de deux autres évêques ses voisins, reçut la profession qu'elles firent d'une virginité perpétuelle.

> » A dix-huit ans , lorsqu'une belle
> » Est sourde à la voix des amours ,
> » Soyez bien sûr qu'elle a toujours
> » Des raisons pour être cruelle.

Desmoutiers.

Quelles que fussent ses raisons, elle se fit religieuse, et sa monastéromanie fut telle que, pendant sa vie, elle fit de l'Irlande une peuplade de religieuses de son ordre.

Sa communauté fut d'abord composée d'elle et ses trois compagnes; mais elle ne fut pas long-tems sans la voir accroître , grace à la folie de ces tems de fanatisme et d'ignorance. Elle fonda plusieurs monastères en différentes provinces d'Irlande ; le plus considérable , et celui où elle faisait ordinairement sa résidence, était à *Kildar*, *cella quercûs* (2), *à sept ou huit lieues* de Dublin , dans la *province de Lagénie, aujourd'hui Leinster.*

Il a toujours suffi de ne pas ressembler à tout le monde pour se faire une réputation, aussi s'en fit-elle une qui rendit ce lieu célèbre ; sa célébrité le

---

(2) Cellule du chêne, si ce nom est postérieur à son monastère ; mais cabane ou maisonnette du chêne, s'il est antérieur.

rendit très-fréquenté et donna le goût d'y habiter ; le grand nombre des édifices qu'on y bâtit, même de son vivant, y forma une ville, qui, par la suite, fut assez considérable pour y faire transférer le siége métropolitain de la province.

On n'a de positif sur sa mort, que le fait ; car l'époque en est des plus incertaine : on assure que *son corps fut enterré à Kildar*, sa demeure favorite, où ses religieuses, à l'imitation des *vestales*, inventèrent, pour *honorer sa mémoire, un feu sacré et perpétuel*, appelé le feu de Sainte Brigitte ; ce qui fit que l'on appelait *ce monastère, la maison du feu* : elles l'y entretinrent, par la tolérance des évêques, jusqu'en 1220, que *Henri Loundres, ar-chevêque de Dublin*, le fit éteindre pour ôter tout lieu à la superstition.

Le *corps* de cette fondatrice en avait déjà été *enlevé dès le neuvième siècle*, et fut transféré de ce monastère à *Down*, au pays d'*Ultonie* ou *Ulter*, où *l'on ne pensait plus à elle*, l'orsqu'on le retrouva avec celui de *Saint Patrice et de Saint Colomb*.

Les *chanoines réguliers* réclament ces *religieuses* comme devant leur appartenir ; mais cette *récla-mation* n'a pas de fondement, puisque la *confusion* que le changement de religion a causé en *Angle-terre*, empêche que l'on puisse découvrir, même dans les historiens les plus exacts de cette nation, si ces religieuses é.aient ou non *chanoinesses*. L'on sait que cet ordre a été très-puissant en *Irlande ;* *mais telle recherche que l'on fasse*, on n'y découvre pourtant que deux de ses couvens ; un à Kildar , qui était l'abbaye chef de cet ordre , et l'autre à Armag , en *Ultonie* , qui était une autre abbaye , qu'on nommait le temple de Sainte-Brigitte.

On prétend que l'habit de ces religieuses était une robe blanche , un manteau noir et un voile de la même couleur , leur unique coîfure. Nous le représentons par la *figure* n° 2 , *planche* n° 20 , que nous avons imité des pères Bonanni , Hélyot , et J. Ch. Bar.

L'époque la plus probable de la naissance de cette fondatrice , est fixée à l'an 436. Le lieu *est un village de Fochart* , au *diocèse d'Armag* , *depuis* , siége de la primatie d'*Irlande* ; *sa mère fut Broecht* , *esclave* , *achetée par son père* , *Dubtach* , *puissant seigneur du pays* ; l'épouse de son père ayant conçu de la jalousie de cette esclave , engagea son mari à la vendre , même avant ses couches , il y consentit ; Brigitte , fruit de ses complaisances pour son maître , fut, dès sa naissance , confiée à une chrétienne , qui soigna , selon le tems , son éducation ; quand elle eut atteint environ quatorze ou quinze ans , son père la fit venir chez lui et la mit au nombre de ses enfans légitimes , il voulut l'établir avantageusement ; elle refusa constamment tout ce qu'il lui proposa , pour *suivre le parti du cloître*.

CONCLUSION.

Cet ordre , tout au moins aussi inutile que les autres , est d'une époque très-incertaine , on sait
seulement

seulement que sa fondatrice vécut dans le cinquième siècle, que ce fut en Irlande où elle a fondé une infinité de monastères de religieuses de son nom, dont il ne reste d'autres vestiges que ceux que l'on trouve dans les livres, et ils n'y sont ni nombreux ni satisfaisans : on ignore même si elles furent effectivement chanoinesses, et l'habit de leur ordre, qui nous est parvenu, et que nous représentons, n'est pas de la plus grande authenticité : il y a apparence que si elles ont été réellement chanoinesses, elles ne portaient pas de rochet. Quand au surplus, elles ont le sort bien mérité de toutes les institutions inutiles, que l'oubli efface de la mémoire des hommes.

Nos autorités sont :

Colgan, *Vit. SS. Hibernia*, 2 *febru.*

Math. Paris, *Hist. Anglic. etc.*

Rodolphus Hospinianus, *etc. fol.* 253, *in-fol. Tiguri*, 1609.

Bulteau, *Hist. de l'ordre de S. Benoit*, *t.* 1, *p.* 82.

Giri, *vie des SS.*, 1 *février*, *page* 478, *in-fol. Paris*, 1519.

Gabrielis Pennotti, *Hist. Hipart. Ordin. Canonic. Regul. lib.* 2, *cap.* 49, *p.* 767, *in-fol. Romæ*, 1624.

Adrien Baillet, 1 *février*, *p.* 26, *in-fol.*, *Paris*, 1704.

Filippo Bonanni, *Catalogo degli Ordini Religiosi, etc. parte due*, *pag*, 28, *in* 4°. *Roma*, 1707.

Le Père Hélyot, *tome* 2, *p.* 146 *et* 147, 148, *in*-4°. *Paris*, 1714.

Et J. Ch. Bar, *tome* 1, *in-fol. Paris* 1778.

CHAPITRE XXI.

FRERES DITS DE S. JEAN

DE LA CITÉ,

Dont l'origine, le fondateur et le lieu de l'établis-
sement sont inconnus.

CET ordre grossit le nombre de ceux qui ont disparu de ce bas monde ; l'histoire n'en fait pas mention , et son existence même est un problème presqu'insoluble.

Si les vertus et l'utilité publique eussent prési-
dées à sa naissance , et concourues à son existence ,
la renommée , sans doute , eut publié son déclin , et
la mémoire en serait peut-être encore chère ; mais
la plupart , vrais pourceaux d'Epicure , les moines
ont vécu pour vivre , et ont fini sans intéresser ;
car ,

C'est pour lui , pour lui seul , qu'un moine existe et meurt.

Ces ordres qui portent des signes extérieurs ,
doivent être , selon nous , plutôt regardés comme
des simples confrairies , que comme des ordres religieux ; par les divers instrumens qu'ils adoptaient ,
eurent d'abord un but relatif, et cette marque hié-

roglyphique (1) désignait alors la profession , le
métier ou le patron (2) auxquels ils appartenaient.

Les amateurs du mystique ont rejetté cette manière de voir , pour admettre celle qui fait de ces
signes des objets purement moraux ; ils ont préféré le surnaturel, père des romans , à la simple
vérité , compagne inséparable de l'histoire ; mais ,

» La vérité , fille du tems,
» Déchire le voile des fables.

Anonyme.

Quoi qu'il en soit , ces porte-calices sont repré-
sentés par plusieurs auteurs , qui , à la vérité , se
sont copiés successivement, ont dit un mot sur l'habit et le nom de cet ordre , puis ont représenté une
figure ; mais aucun de ces faiseurs d'images n'a dit
d'où il tenait son modèle : enfin , d'images en images ,
de compilations en compilations , les voilà parve-
nus jusqu'à nous , et nous vous les transmettons ;
nous sommes bien persuadés que les œuvres méri-
toires de cet ordre ne lui ont pas obtenu les honneurs de l'apothéose (3).

____

(1) Chez les anciens , en général , et les Egyptiens en particulier ,
c'était des figures qui servaient à retracer les faits , et tout ce qu'on
voulait transmettre à la postérité ; enfin c'était pour eux ce qu'aujourd'hui l'écriture est pour nous.

(2) L'apôtre Saint-Jean a pour attribut, dans les tableaux , un
calice , comme Saint-Pierre des clefs , etc.

(3) Apothose vient du grec , ce nom est formé de la préposition
ἀπὸ, apo , auprès, et du mot Θεὸς , theos , Dieu , ce qui fait auprès
de Dieu. C'est le nom d'une cérémonie très-ancienne , inventée par

N 2

Son costume consiste en une robe, un scapulaire, un manteau, avec un camail et son capuce par-dessus, le tout rouge : il avait un calice cousu sur la poitrine. Sa chevelure était monacale, et ses

---

la superstition, et conservée par la fourberie : l'ignorance lui donna naissance, et l'instinct sacerdotal la propagea très-ardemment, et prodigua tous ses soins pour la mettre en grande vénération.

C'était, dans les premiers siècles, une cérémonie religieuse, par laquelle on mettait au rang des Dieux un homme extraordinaire par ses talens ou ses vertus ; et le culte que l'on consacrait à ces sortes de divinités, était tout au profit des prêtres, qui avaient la précaution d'aveugler la multitude sur une institution aussi lucrative pour l'autel. Mais dans les lieux où le christianisme a détruit le polythéisme, ou culte des Dieux du paganisme, on a substitué la canonisation à l'apothéose : le nom et la forme seulement ont été changés ; le motif et le but sont toujours les mêmes, l'ambition et l'avarice : puisqu'il ne s'agit que de tromper le peuple pour conserver l'autorité usurpée, et de gagner de l'argent aux dépens de sa crédulité.

Les premiers hommes qui eurent les honneurs de l'apothéose, furent les inventeurs des choses nécessaires ou utiles ; la flatterie la fit décerner ensuite aux empereurs, puis l'ambition chrétienne la déguisa pour se l'approprier, et la prostituer le plus souvent à des êtres dignes du plus profond mépris, et quelquefois même de toute l'horreur du genre-humain. Constantin, Dominique et beaucoup d'autres, en seront les témoignages irrécusables ; on les décora du beau nom de Saints, n'osant plus leur donner celui de Dieux, qui n'était plus de mode. Les circonstances ne permettant plus de déifier, on sanctifia : on prodigua tant le nom de Saint et de Sainteté, que ce dernier titre, appanage des pontifes Romains, contrasta trop souvent avec les vices honteux dont beaucoup étaient infectés

La révolution française vient d'ébranler la canonisation jusques dans ses fondemens, pour remettre en vogue l'apothéose ; mais si l'enthousiasme ne laisse pas à la sage réflexion le droit d'ouvrir le panthéon, cet honneur sans prix, deviendra bientôt plus facile à obtenir que n'étaient jadis les indulgences.

pieds chaussés. Voyez la *planche* n° 21 *figure* n° 3.

Ils avaient, ces moines, outre le même nom, quelques-uns des goûts de l'immortel fabuliste : aussi peut-on, sans méchanceté, appliquer à cet ordre, l'épitaphe du bon Lafontaine ;

> » Jean s'en alla comme il était venu,
> » Mangeant son fond après son revenu ;
> » Croyant le bien chose peu nécessaire :
> » Quand à son tems bien le sut dispenser ;
> » Deux parts en fit, l'une il *savait* (4) passer.
> » A bien dormir, et l'autre à ne rien faire.

Mais le poëte fit de charmantes choses, qui passeront à la postérité la plus reculée, et l'ordre ne fit rien ; aussi l'un au temple de mémoire est bien placé, tandis que l'autre s'est noyé dans le fleuve d'oubli.

> Intéressés ; mais n'intéressant point.
> D'eux nous avons, seulement le pourpoint.

CONCLUSION.

Cet ordre peut tenir une place dans un vestiaire de théâtre, ou dans une collection ; c'est le seul point d'utilité sous lequel on puisse l'envisager.

Pour preuve, consultez :

Abraham Bruin, Michiel Colyn, François Modius, Adrien Schoonebeek, Rodolphe Hospinianus, le Père Hélyot, et J. Ch. Bar.

---

(4) Lafontaine, parlant le langage de son tems, a dit, avec grâce, *souloit*, qui signifie avoir coutume, ce mot fait à l'infinitif, *souloir*, il vient du latin *solere*. Nous ne nous sommes permis de le changer que pour nous mettre plus à porté d'être entendus.

CHAPITRE XXII.

RELIGIEUSES DE CASSIEN,

DITES DE NOTRE-DAME DE VEAUNE,

Instituées à Marseille, par Jean Cassien (1), prêtre de cette ville, vers l'an 410.

CES Religieuses furent établies à Marseille vers le commencement du cinquième siècle, par un prêtre de cette cité, où

» L'infatigable pauvreté
» Bénit l'ardente canicule,
» Qui fait frémir la volupté.

Elite de poësie. Tome 3.

(1) Cassien fut élevé dans le monastère de Bethléem ; il parcourut les déserts d'Egyte, où il visita une grande partie des solitaires qui y étaient épars : de-là il passa à Constantinople (a), où il fut ordonné diacre, par Jean-Chrisostôme, archevêque de cette capitale. Le clergé de Constantinople l'envoya en légation vers le pape Innocent I, et pendant le séjour qu'il fit à Rome, il y apprit la langue latine, si bien, qu'elle lui devint plus familière que la grecque, qui était sa langue naturelle, aussi s'en servit-il pour composer ses ouvrages. Il ne quitta cette capitale que parce qu'Alaric prit Rome et la livra au pillage, ce qui l'engagea à se retirer à Marseille, où il fonda ses monastères.

(a) *Les Turcs ne la prirent que le 6 avril 1453, sous Mahomet II, c'est-à-dire, environ mil quarante-trois ans après.*

On est incertain de la règle qu'elles suivirent ;
l'on peut seulement conjecturer que Cassien ayant
écrit plusieurs livres sur les institutions monastiques,
ce fut selon les préceptes qu'ils renfermaient, que
ces religieuses se sont gouvernées. On dit pourtant
que, par décrets des souverains pontifes, elles vé-
curent selon la règle de Saint-Augustin.

Ce monastère fut pillé et brûlé plusieurs fois,
tant par les infidèles que par les hérétiques ; ces
saintes femelles furent en proie à la brutale rapacité des vainqueurs, qui, de leurs mains sanglantes
et profanes, souillèrent ces beautés pures, desti-
nées aux élus du seigneur.

» *C'était des* loups au milieu des brebis !
» Dans le dortoir, de cellule en cellule,
» A la chapelle, à la cave, en tout lieu,
» Ces ennemis des servantes de Dieu,
» Attaquent tout sans honte et sans scrupule.
» Ah ! sœur Agnès ! sœur Marton ! sœur Ursule !

  .   .   .   .
.   .   .   .

» Où fuyez-vous, colombes gémissantes ?
» Vous embrassez de vos mains impuissantes
» Le saint autel, azile redouté,
» Sacré garant de votre chasteté.

» C'est vainement, dans ce péril funeste,
» Que vous criez à votre époux celeste :
» A ses yeux même, à ces mêmes autels,
» Tendre troupeau ! vos ravisseurs cruels
» Vont profaner la foi pure et sacrée
» Qu'au doux Jésus votre bouche a jurée.

N 4

» L'on sait qu'il est des lecteurs bien mondains,
» Gens sans pudeur, ennemis des nonnains,
» Mauvais plaisans, de qui l'esprit frivole
» Ose insulter aux filles qu'on viole.

» Laissons-les dire. Hélas ! mes cheres sœurs,
» Qu'il est affreux, pour de si jeunes cœurs,
» Pour des beautés si simples, si timides,
» De se débatre en des bras homicides ;
» Et quand le crime, aux regards effrontés,
» Contemple à nud vos dévotes beautés.
» On les prendrait, dans leurs fureurs étranges,
» Pour des démons qui violent des Anges !

Voltaire.

Après que ces nones eurent trop souffert des guerres, des pillages, des incendies, etc. Yolande, reine de Naples, femme de Louis II, prit, vers l'an 1404, les débris de leur couvent, pour augmenter et orner celui de Sainte-Paule, qu'elle faisait bâtir dans Marseille même.

Tant que ces religieuses subsistèrent, elles furent soumises, pour le spirituel et le temporel, au couvent de Saint-Victor de Marseille ; et leur maison était dédiée en l'honneur de Notre-Dame de Vaune. Ce nom leur fut donné de celui de la petite rivière d'Yvelin, qui depuis a pris le nom de Veaune.

L'habit de ces religieuses était composé d'une robe blanche, de laine, avec un rochet par-dessus et un voile noir, pour couvrir leur tête : elles ne portaient ni guimpes ni bandeaux. Voyez la *figure* n° 2, *planche* n° 22, que nous avons imitée de Bonanni, Schoonebeek, Hélyot et Bar. Ce costume, simple comme la nature, en relevait la beauté, en prononçant les formes agréables de celles qui étaient bien partagées , et par cela même , aiguillonnait la volupté des pieux directeurs de ces saintes filles.

CONCLUSION.

Ces nones , établies pour offrir au ciel leurs vœux et leurs chastes soupirs , ont quelquefois été forcées de les partager avec des soldats furieux , qui sont venus troubler leur tranquille inutilité : ils leurs rappellaient , mais envain , qu'elles pouvaient être plus utiles et plus contentes dans ce monde , qu'elles fuyent sans le connaître , que dans un cloître ; ils leur disaient , de la manière la plus persuasiye et la plus énergique :

>> S'il est quelque bonheur , c'est l'amour qui l'assure ;
>> Tout flatte en aimant , tout nous dit ,
>> Otez l'amour de la nature ,
>> Toute la nature périt.

Anonyme.

Le croirait-on ? l'habitude des préjugés , ces ty- rans du vulgaire , les rendait sourdes aux conseils de la nature , et dans leur aveuglement , elles plai- gnaient même ceux qui ne pensaient pas comme elles ; ce qui prouve , hélas !

>> Combien le cœur de l'homme est soumis à l'erreur.

Voltaire.

Nous avons consultés

Johann. de Trittenhem , Roberti Bellarmini , Gio Pietro Crescenzio , Joann. Baptist. Guesnay , Sil- vestro Maurolico , Filippo Bonanni , Adrien Schoone- beek , Adrien Baillet , Hipolite Hélyot et Jacques- Charles Bar , etc.

CHAPITRE XXIII.

PÉNITENS BLANCS,

EN ITALIE,

Etablis à Rome, vers l'an 1264, par quelques personnes pieuses.

CELLE des confraternités ou archiconfraternités, désignée sous le nom de Gonfalon, fut, sous le pontificat d'Innocent IV, la restauratrice de la liberté Romaine, à la mode de ces tems-là; car depuis long-tems à Rome, le mot n'est plus la chose. Voici comme le fait nous est transmis : quelques troubles s'étant élevés à Rome, sous le pontificat d'Innocent IV, qui faisait sa résidence à Lyon (1), les confrères de l'archiconfraternité des recommandés de la Sainte-Vierge, s'opposèrent à la violence des seigneurs Romains, qui voulaient opprimer le peuple, et firent élire, du consentement du vicaire du pape,

(1) L'auteur où nous avons puisé, dit à Avignon ; mais c'est par erreur, puisque le premier pape qui ait fixé sa résidence à Avignon, fut Clément V, en mars 1309. D'ailleurs, on sait que ce fut à Lyon qu'Innocent IV se retira lorsqu'il vint en France pour fuir les persécutions de Frédéric, et que ce fut au concile tenu dans cette ville, que ce pape inventa le chapeau rouge des cardinaux.

qui était aussi gouverneur de Rome , et par l'avis des principaux citoyens , un gouverneur du capitole (2). Ils donnèrent pour lors à leur société le nom de *Gonfalon* , pour marquer que sous l'étendart du zèle , de la liberté de la patrie et de la justice , ils avaient rendu à la ville de Rome sa liberté.

Nous ne définirons pas la liberté de la moderne Rome , nous observerons seulement que cette société fit à-peu-près comme les Belges , elle combattit contre le despotisme des seigneurs Romains , en faveur du despotisme papal qu'on voulait conserver. Nous croyons trouver , dans cette conduite , une preuve incontestable de ce que peuvent les corporations, lorsqu'elles se déclarent pour ou contre un parti. Nous croyons aussi que le peuple , seul souverain , doit être l'unique corps existant dans un empire.

A l'égard de toutes les corporations quelconques , elles doivent disparaître de tout pays libre. C'est de ce principe qu'est né la maxime des anciens , *divide et impera* , divisez et régnez ; mais où il n'existe

---

(2) Le Capitole , forteresse redoutable à l'univers , d'où les anciens Romains réglaient le sort des nations , n'est plus qu'un lieu de paix , et si jamais les Français y vont , ils verront que Voltaire avait raison de dire , qu'à présent l'on y voit , que

   » Des prêtres fortunés foulent, d'un pied tranquille ,
   » Les tombeaux des Catons et la cendre d'Emile.

C'est encore le chef-lieu de Rome moderne ; ce nom lui fut donné d'une tête que l'on trouva en fouillant à une très-grande profondeur. Les Italiens le nomment Capidoglio.

d'autre corporation que celle du peuple , il est inutile et même nuisible de diviser ; au contraire, c'est de l'union la plus parfaite qu'il tire toute sa force.

Les grands , de tout tems , ont été très-attentifs à étudier et flatter les goûts des peuples pour mieux les assujettir : ceux qui voulurent dominer des nations belliqueuses , en jouissant de la paix , n'épargnèrent rien pour les énerver , en leur inspirant le goût de la molesse par les beaux arts, qui font nécessairement naître les délices qui en sont inséparables. Les Médicis , Léon X , en attirant et protégeant les émigrés de la Grèce , ont fait de l'Italie la patrie des arts , et par une conséquence assez naturelle , ce pays est devenu celui où le goût des spectacles , des plaisirs et des mascarades en tout genre , règne le plus : le climat , les préjugés , et certaine tournure d'esprit , particulière à cette belle partie de l'Europe , contribuent beaucoup à multiplier et conserver cette manie. A Rome , tout individu ayant une charge ou un emploi , quel qu'il soit , a un costume qui lui est particulier; ce qui fait qu'un coup d'œil suffit pour distinguer le rang de chacun ; les Turcs et tous les despotes ont le même usage.

Après cela , doit-on s'étonner si, lorsqu'ils veulent jouir , les esclaves aiment l'*incognito* ?

>> Si , sous ce piége adroit , un époux infidèle,
>> Trame le noir complot d'une flâme nouvelle,
>> Las des baisers permis que d'amour il reçoit,
>> Il porte en d'autres lieux le tribut qu'il lui doit.

Boileau.

Les plaisirs en tous genres, n'ont qu'une saison, et la jouissance permise en devient toujours ou trop courte, ou trop uniforme, ou l'époque de la satiété; de-là naît cette activité à trouver les moyens de les prolonger, de leur rendre leur premier feu, ou plus de piquant, ou même de leur en substituer qui puissent dédommager des intervalles que l'usage met dans la jouissance des autres; comme de tous les moyens, le plus commode et le plus sûr, a toujours été le masque de la dévotion, c'est aussi celui qui a fourni le plus abondamment aux hypocrites, dans presque tous les pays, les moyens d'en imposer aux crédules, et c'est lui que l'on met le plus en usage.

Aussi les différentes sortes de pénitens, dont le nombre est excessif en Italie, sont autant de mascarades distinctes (2) qui toutes, sous le voile de la dévotion, tendent au même but, celui des plaisirs. L'expérience a prouvé que les dévots, en général, sont de la race des pigeons et des moineaux : et que toutes leurs grimaces peignent leurs regrets du passé, ou masquent de nouveaux projets de plaisir.

On n'ignore pas que l'origine de toutes ces pieuses extravagances est due à l'astucieuse politique romaine; mais on sait aussi que tout dégénère, et l'abus succède; le tems, d'abord, use la ferveur, la jeunesse et Plutus ensuite, font le reste : Ie but

____

(3) Voyez la fin de ce chapitre.

de l'établissement disparaît, le vice seul demeure.

> » Toujours ce qu'on défend a pour nous des apas,
> » Et toujours nous voulons ce qu'on ne permet pas.
> » *Nitimur in vetitum semper cupimusque negata.*

Ovide.

Combien de fois ces dévots pénitens, sortis pour une cérémonie pieuse ou funèbre, ne rentrent chez eux que fatigués des excès d'une brûlante orgie, et trop souvent qu'après avoir couru plus d'un hasard : heureuses alors leurs patientes moitiés, quand elles n'ont que des soupçons, ou qu'elles sont assez sages pour fermer les yeux ! Car dans un pays où le divorce ne couvre pas de son ombre bienfaisante les malheureuses victimes du mariage, l'humeur ne serait pas le parti le plus sage pour obtenir la paix, au contraire,

> » Près d'un mari volage.
> » Patience, vertu, douceur, tendre langage,
> » Sont de grands points.

Desmoutiers.

Le tems, quelquefois, amène la sagesse avec le repentir ; mais plus souvent encore, l'âge et les chagrins flétrissent la beauté de la femme délaissée ; plus elle est honnête, plus ses beaux jours se passent dans la tristesse d'un célibat forcé, inattendu, et d'autant plus désagréable, qu'elle s'était fait du mariage une perspective délicieuse, et qu'elle est moins capable de se couvrir de honte pour adoucir ses ennuis. C'est alors qu'on reconnait combien l'inexpérience fait de victimes du despotisme marital , et qu'on se croit obligé de dire à celles qui n'en ont pas encore couru les risques ,

> Belles qui voulez en ménage,
> Amour délicieux, constant,
> Fuyez, fuyez amant volage ;
> N'épousez pas un pénitent.
> Toujours à l'église ,
> Jamais près de vous ,
> Craignez, quoi qu'on dise,
> Craignez tels époux.
> La paix, en mariage,
> S'établit pour toujours,
> Quand un couple, au bel âge,
> Fait des nuits ses beaux jours.

Le rideau levé , voilà les pénitens en général ; voyons à présent ce qui leur reste de leur institut , et à quoi ils sont bons en public sous le masque.

Les souverains pontifes , par reconnaissance , accordèrent à cette archiconfraternité beaucoup de priviléges : c'est la monnaie des tyrans. Ils lui donnèrent les églises de Saint Pierre et de Saint Paul, des quarante Martyrs, au-delà du Tibre, de Sainte-Madelaine , qui a passé aux clercs réguliers ministres des infirmes , de la Pitié au Colisée , et les hôpitaux de l'Annonciade , hors des murs de Rome, proche Sainte Marie Majeure ; celle de Saint Albert , dont il ne reste plus que la mémoire. Leur église principale, où ils entretiennent douze prêtres pour y faire le service divin , et celle de Sainte Luce , *alla chiavica*, et que l'on appelle aussi du Gonfalon , proche de laquelle ils ont fait bâtir une belle chapelle , dédiée en l'honneur des apôtres Saint-Pierre et Saint-Paul , où ils s'assemblent pour y faire leurs exercices ; ils entretiennent aussi des prêtres dans les autres églises qui leur appartiennent.

>> Ces pieux *pénitens*, faisant chanter matines ,
>> Songeaient à bien dîner, et laissaient en leur lieu,
>> A des *prêtres* gagés, le soin de prier Dieu.
Boileau.

Ces confrères marient aussi tous les ans un grand nombre de pauvres filles , auxquelles ils donnent une dot raisonnable avec un habit.

>> Il faut aimer , c'est ce qui nous soutient;
En sa faveur, ce plaisir nous prévient.
>> Sans rien aimer, il est triste d'être homme.
L'indifférent n'a jamais un bon somme.
>> Il faut, la nuit, tenir entre deux draps ,
>> Le tendre objet que notre cœur adore ,
>> Le carresser, s'endormir dans ses bras ,
>> Et le matin recommencer encore.
Voltaire.

Ils entretiennent un médecin , pour avoir soin des pauvres confrères malades, qu'ils accompagnent à la sépulture, dont ils font les frais , lorsque le médecin les a expédiés.

Hélas !
>> Pour qui connaît les misères humaines ,
>> Mourir n'est pas le plus grands des malheurs.
Deshoulières.

Autrefois ils avaient soin de l'image de la Sainte Vierge , peinte par le médecin Luc , l'évangéliste ; aujourd'hui ce chef-d'œuvre ecclésiastique se conserve

serve à Sainte-Marie-Majeure (2) ; il serait à souhaiter, pour la satisfaction des fidelles, que l'on rassembla toutes les merveilles de ce genre, comme la Sainte Ampoule de Reims, la Sainte Chandelle d'Arras, le Saint-Suaire de Besançon, les Hans de Saint-Joseph, et une infinité d'autres reliques à-peu-près semblables, telles que le mouchoir de Sainte-Véronique, etc. pour les exposer à la vénération des bonnes âmes. On devrait aussi confier la garde d'un si précieux trésor à quelques bataillons de fédérés Français, pour empêcher l'impiété d'y porter son soufle impur ; les pénitens blancs y auraient toujours, comme à Sainte-Marie-Majeure, une garde d'honneur lorsqu'on descendrait ces précieuses reliques ; mais les pénitens étant à l'agonie, on y substituerait une autre garde d'honneur.

> » *Nature* qui change et varie,
> » *Enseigne* la diversité.

Anonyme.

Dans les années saintes, ils reçoivent tous les confrères des autres confrairies qui leur sont aggrégées, et les entretiennent pendant le séjour qu'ils

---

(2) Notez que les Frères de la Mort, qui étaient en Pologne, avaient aussi un portrait de la Vierge, peint par Saint-Luc, et c'est même sous ce prétexte qu'ils avaient l'impudence de souffrir des sentinelles d'honneur à la porte de leurs cellules. Ce médecin en a donc furieusement fait de ces portraits ! Cependant chacun prétend avoir l'unique.

Tom. I.   O

font à Rome. Grégoire XIII, leur donna le soin de racheter les captifs : ainsi ,

> Par eux, des malheureux les chaînes sont brisées :
> Par eux , on les ravit aux lointaines contrées.

Mais tous ces avantages spécieux, le Commerce les offre ; les mêmes ressources sont dans les mains des Armateurs ; qu'on encourage ceux qui ramèneront des Captifs dans leur patrie , et l'on n'aura plus à regretter les Redempteurs encapuchonnés.

Il ne faut pas confondre un grand nombre d'autres pénitens blancs dont Rome fourmille , chacun est marqué sur l'épaule , non comme en France, on marque les gens précieux à la société ; mais au lieu d'épaulettes , ils ont un petit écusson. Celui du Gonfalon est une croix rouge et blanche, dans un cercle semblable à celle-ci jointe. Voyez le fleuron qui sert de cul - de - lampe à la fin de ce chapitre.

Leur habit est un sac de toile blanche , serré d'une ceinture , avec un capuce qui leur couvre tout le visage , n'ayant que deux trous vis-à-vis les yeux , pour qu'ils puissent voir et n'être point vus : et sur l'épaule , ils portent la marque de leur ordre , ce que l'on peut voir , *planche* n° 22 , *figure* n° 2:

On compte plus de cent sociétés différentes de pénitens dans Rome seulement.

RECAPITULATION.

Ces pénitens existent depuis le milieu , environ, du

treizième siècle ; ils font des prières , des mariages ; ils ont soin de leurs malades et les enterrent ; ils hébergent leurs collègues pendant leur séjour à Rome ; ils ont pullulé par-tout ; car ils vinrent en France où ils ont pris racine ; mais les chaleurs de juillet 1789 , du 10 août 1792, etc. , leur ont fait beaucoup de tort dans ce pays : il y a même lieu de croire que leurs souches sont desséchées ; l'on assure même que la plupart ne voudraient pas chan- ger , à présent , les clubs , pour reprendre leurs an- ciennes capucinades , et l'on a lieu de croire que ces derniers feront , sans hypocrisie , plus de bien , *lors- que les intrigans en seront chassés* , que n'en ont jamais fait tous les pénitens possibles.

CONCLUSION.

Ces pénitens ont existé près de six siècles ; mais à présent, la majeure partie est à l'agonie ; ceux de France ont déjà passé , et lorsque la lumière aura fait le tour du globe, les hommes rougiront d'avoir été si long-tems encapuchonnés ; ils verront que l'on peut secourir les malheureux , sans effrayer les enfans ; que l'Etre suprême n'a pas besoin de grimaces et de mascarades pour être grand, et que le principe éternel de l'honneur , n'a pas besoin d'être honoré ; car ,

» Il est tout par lui-même !

Les preuves de ce que nous avançons se trouvent.

1º *Dans le portrait de Rome moderne. Il ritrato di Roma moderna.*

O 2

2° Carlo Bartholomeo Piazza , *eusevologio Romano,
parte prima et parte seconda* , etc.

3   Adrien Schoonebeeck , *Histoire des Ordres Religieux , première partie* , etc.

4° *Le père* Hélyot, *Hist. des Ordres Religieux , etc.,
tome 8 , etc.*

5° *Et* J. Ch. Bar , *Recueil de tous les costumes Monastiques , Religieux et Militaires* , etc.

CHAPITRE XXIV.

MOINES FORCIFÈRES,

ou Porte-Ciseaux,

Dont on ne connaît point l'instituteur, le tems, le lieu de leur établissement, non plus que sa durée.

Voici encore une espèce de masque, aussi bizare que bien d'autres, et pas plus utile ; on croit en Allemagne que ce fut des tailleurs qui, pour marque distinctive, prirent leurs ciseaux. Les mystiques ont prétendu que ces ciseaux ou forces ne signifiaient rien autre chose que le retranchement de leurs passions : il faut convenir que l'emblême est bien ingénieux !

Selon quelques auteurs, ces tailleurs, voulant se distinguer par un extérieur de piété, choisirent cette marque qu'ils attachèrent sur leur habit.

> » De nouveautés toujours avide,
> » L'homme n'est heureux qu'à demi ;
> » Dans ses desseins mal affermi,
> » La seule inconstance le guide.
>
> *Tristan l'ermite.*

Il paraît que cette société ne dura guère, car il n'en est pas fait mention ; et s'il y eût eu, sous le

O 3

ciel, un ordre de tailleurs qui se fût assez distingué par ses vertus, son désintéressement et sa probité, la mémoire n'en serait pas perdue. Nos frères tailleurs iront loin dans l'histoire ! Nos tailleurs séculiers sont célèbres ! Un enfant d'Apollon, a dit :

» Le tailleur et le voleur
» Du bien d'autrui font le leur ;
  » Voilà la ressemblance ;
» L'un vole en vous habillant,
» Et l'autre en vous dépouillant ;
  » Voilà la différence.

Le naturel a tant de force (1), que si ceux-ci eussent été assez favorisés du ciel pour vaincre *l'habitude*, la renommée n'aurait pas gardé un silence suspect sur leur compte.

Enfin, et quoi qu'il en soit, leur costume était une robe, une chappe ouverte des deux côtés, depuis les épaules jusqu'en bas, et sur le devant de laquelle, vers la poitrine, était cousue une paire de ciseaux d'étoffe couleur de fer ; ils portaient, selon l'usage du tems, leur barbe ; leur coifure était, comme alors, le chaperon, qui couvrait la tête, et descendait sur leurs épaules ; le tout blanc, leur chaussure nous a paru noire. Voyez la *fig.* n°. 3, *pl. n°.* 23, que nous avons imitée d'après les auteurs cités à la fin de ce chapitre.

----

(1) Un tailleur se coupant un habit, le coupait double, quelqu'un qui n'en concevait pas la raison, lui demanda pourquoi il agissait ainsi, puisque c'était pour lui qu'il travaillait. C'est, lui répondit-il, pour n'en pas perdre *l'habitude*.

CONCLUSION.

On ignore quand et où a commencé cet ordre ; on ne connaît point son fondateur, et l'on n'a aucune particularité sur son existence ; on sait seulement qu'il était vêtu de blanc, et qu'il portait sur la poitrine, l'image cousue d'une paire de forces ou ciseaux. Voilà tout ce que les auteurs en ont transmis à la postérité.

Nos garans, sont :

Aubert. Mirœus, Crecellius, Polydorus Vergilius, Abraham Bruin, François Modius, Adrien Schoonebeek, le père Hélyot, Michiel Colin, Rodolphus Hospinianus, Sébastien Frank, et J. Ch. Bar.

CHAPITRE XXV.

GLADIATEURS

ENCAPUCHONNÉS ET SANS ARMES,

OU MOINES PORTE-ÉPÉES,

Dont l'origine vient du cerveau des auteurs inexacts qui ont pris l'ombre pour le corps.

Ceux qui prennent ces porte - épées pour des cénobites (1), se trompent : ils ont pris les chevaliers de Livonie pour des moines, ils en ont fait un ordre sorti de leur tête. Les chevaliers porte-glaives, ou porte-épées, en Livonie, avaient le même nom, et portaient, pour marque de leur ordre, deux épées rouges, en forme de croix de Saint-André, cousues sur la poitrine de leurs habits.

C'est là, la source de l'erreur, que plus d'attention eût prévenue.

Nous ne sommes pas étonnés de ne trouver nulle

____

(1) On donne ce nom à tout moine ou religieux qui vit dans un couvent. Il vient du latin *cænobium*, monastère, dont on a fait *cænobita*, cénobite, habitant de monastère.

part son origine , puisqu'elle est chimérique. Le silence des auteurs même , qui ont donné cette erreur
pour une vérité , nous appuie dans notre opinion ;
il nous prouve qu'ils ont plus pensé à augmenter le
volume de leur ouvrage , qu'à lui donner le mérite
de la vérité.

S'ils n'eussent été imaginés, on eût pu à bon
droit leur dire ,

> A quoi servent ces épées ?
> Cet instrument militaire ,
> Sied fort bien dans les armées ;
> Mais fort mal au monastère.

Quoi qu'il en soit , nous représentons le costume
de ces moines imaginaires , pour que nos lecteurs
sachent à quoi s'en tenir sur leur compte ; ils
étaient , et ils sont encore , dans les livres , vêtus
d'une robe ou tunique , une chape ouverte sur les
côtés , depuis les épaules jusqu'en bas , et sur le
devant de laquelle sont cousues deux épées rouges
en croix de Saint-André , les poignées en haut , et
par-dessus cette chape , est un camail avec son capuchon , le tout blanc : les uns , les représentent avec
de la barbe, les autres sans. Voyez *planche* n° 23 ,
figure n° 4.

CONCLUSION.

Ce ne sont point ces gladiateurs fameux de l'antiquité , tout dégoûtans de sang , et féroces comme
des tigres ; non , ce sont des ombres de chevaliers
porte-glaives en Livonie , dont on a fait des moines

gladiateurs paisibles , et formés dans le silence du cabinet.

Voilà toute leur histoire ,

Et nos autorité sont :

Bruin , Damman , Colyn , Modius , Crecellius , Po'ydor. Vergilius, Mirœus, Hospinianus, Schoone-beek , Hélyot et Bar , etc.

CHAPITRE XXVI.

FRERES DE SAINTE-HELENE,

Soi-disant établis par Sainte-Hélene, mère de Constantin, (1) l'an 335, sous le pontificat de Silvestre I.

Héléne fit bâtir plusieurs églises, après que son fils l'eut converti à la religion chrétienne ; mais nous

(1) » Parmi ces grands, ces souverains du monde,
» Ensevelis dans cette nuit profonde,
» On discernait le fameux Constantin.
  » O rigueur ! ô surprise !
» Quoi ! ce héros, fondateur de l'église,
» Qui de la terre a chassé les faux Dieux,
» Est-descendu dans l'enfer avec eux !
Voltaire.

Il est certain que Constantin n'a jamais regardé la religion chrétienne que comme un instrument politique, et un degré qui lui servait à monter au trône des Césars, sa seule et unique ambition : s'il eût pu y parvenir en détruisant le christianisme, il l'eût fait. Il avait presque tous les vices, et n'avait que le masque des vertus.

» Dans les plaisirs et dans le sang plongé,
» Faible et barbare, en sa fureur jalouse,
» Ivre d'amour et de soupçons rongé,
» Il fit périr son fils et son épouse.
Voltaire.

Voilà ces héros du christianisme, que l'église Romaine fait hon'avons trouvé nulle part qu'elle y logea ces moines ; il y a même une observation à faire sur l'époque de l'origine de cet ordre ; car les auteurs prétendent que c'est en 335 que la mère de l'empereur le fonda , et cette princesse passa de ce monde en 328 , autant que l'on peut le conjecturer , âgée d'environ quatre-vingt-quatre ans.

Elle avait accouchée de Constantin , le 27 février 274 , âgée d'environ vingt-cinq ans ; c'était dans la ville de Naïsse en Dardanie , actuellement la Servie : elle fut répudiée l'an 292. Elle ne fut chrétienne qu'à l'âge de soixante-quatre ans , c'est-à-dire , vers l'an 311 ou 312 , dans le tems de l'avènement de son fils à l'empire. Elle n'arriva à Jerusalem que sur la fin de l'année 326 , et après s'être informée du lieu où pouvait être *la croix* , elle fit abattre le *temple de Vénus* , et en creusant elle la trouva.

Si elle ne frémit pas en donnant un pareil ordre , c'est que chez les femmes ,

> A l'amour éclipsé , la nouveauté succède.

Car autrement elle eût senti une douce émotion à l'aspect de ce temple délicieux ,

> Où son cœur plein de zèle ,
> Jura d'être fidèle
> Au pouvoir amoureux.

---

horer comme des Saints : quel est l'honnête homme qui voudrait leur essembler ?

Mais il y avait si long-tems , que ses heureux jours étaient passés, qu'

> Elle avait oublié le pouvoir de Vénus.

> Près d'une femme qui vieillit,
> C'est l'usage , l'amour s'envole ;
> Mais il lui faut une autre idole ,
> Son cœur ardent le lui prescrit.

Quelles que fussent ses raisons , soit politique de son fils, goût naturel de son sexe , ou effet d'un grand âge , elle avait 64 ans , elle prit la nouvelle religion de l'empereur :

> Infidelle à Venus ,
> Notez qu'elle était vieille ,
> Elle adora Jésus.

Comme il fallut du tems pour la démolition du temple de Vénus , on peut présumer qu'elle ne trouva la croix qu'au commencement de 327 ; mais tout cela ne nous dit rien sur nos moines Hélenistes. Leur réputation et leurs vertus n'ont pas autant occupé la renommée , que les sottises de la belle Hélene avec le berger Pâris.

Nous trouvons qu'ils étaient vêtus de blanc ; que tout leur habillement consistait en une robe , une chape ouverte par-devant , un camail avec un capuchon , et par-dessus une espèce de chaperon qui couvre la tête et descend sur les épaules , le tout de la même couleur , et une croix couleur de safran sur la poitrine de la robe ; mais aucun de ces auteurs ne les représentent avec cette croix dont ils font mention. Voyez la *figure* n° 1 , *planche* n° 24 ; copiée d'après les auteurs cités à la fin de ce chapitre.

CONCLUSION.

Ces moines étaient blancs ; c'est beaucoup pour la postérité de savoir qu'elle a été leur couleur. Quand à leur mérite et leur utilité , l'histoire n'a pas pu trouver d'expressions pour les transmettre jusqu'à nous.

> Bien des phrases, des noms ,
> Point de faits bons à croire :
> Voilà presque l'histoire
> De tous ces capuchons.

Voyez tous les auteurs monastiques en général et en particulier : pour cet ordre, ceux ci-dessous:

Bruin , Colyn , Vergilius , Modius , Crecellius , Mirœus , Hospinianus , Ammanus , Schoonebeeck , Hélyot et Bar.

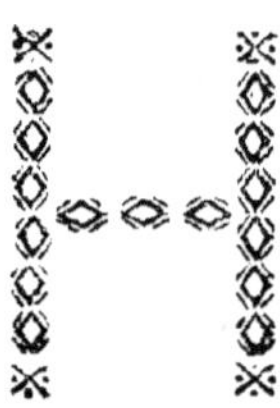

CHAPITRE XXVII.

FRERES DE SAINTE-SOPHIE

OU DE LA GRACE (1),

Dont le lieu et l'époque de la fondation, ainsi que le fondateur (2), sont inconnus.

> » Une éternité de science
> » Vaut-elle une nuit de bonheur?
>
> *Gresset.*

CES moines ont vécus sans soucis, sans renommée, et sont morts sans gloire : vrais pourceaux d'Epicure, tout nous prouve que l'avenir ne les inquiéta guères ; aussi l'histoire n'est pas surchargée des faits brillans de leur inutile existence.

> » On ignorait dans leurs retraites,
> » Les noirs chagrins, les vains desirs,
> » Les espérances inquiètes,
> » Les longs remords, *les* courts plaisirs.
>
> . . . .
>
> . . . .
>
> » La mort qui *vient à tire-d'aile,*
> » Arrivait lentement pour eux : . . . . *Gresset.*
> *Encore se reposait-elle,*
> *Chemin faisant, chez leurs ayeux.*

(1) *S. Sophiæ sive gratiæ ordo albatus.*

(2) Ceux qui croyent que ce fut Sainte-Hélene, n'en ont aucune certitude.

Les délices ne conduisent pas au temple de mémoire : aussi nos moines ont vécu joyeux et bien portans ; mais n'ayant rien fait pour la postérité, la postérité ne fera rien pour eux. Nous ne croyons pas même que l'on soit en droit de leur en faire un reproche ; car il est bon de se ressouvenir que le nom de MOINE vient du mot grec μόνος, *monos*, qui signifie *seul*, par conséquent le moine seul ne veut être bon qu'à lui seul, il y réussit à merveille ; et l'oubli de l'univers, pour tout être inutile, le rend parfaitement seul, même au centre des plus grandes villes : car un moine de la classe de certains moines, ne peut voir que des moines, et tout ce qui est moine ne peut être bon que pour soi. Or, nous concluons de là, que tous ces êtres, bons par excellence, pour eux, ont fait peu de sensation sur les autres, et l'oubli total de la postérité, est la juste récompense due à leur inutilité.

La bizarrerie de leur costume a flatté quelques amateurs de l'antiquité, et le hazard favorisant un curieux, l'a fait passer, incognito et sans conséquence, jusqu'à nous ; d'après cela,

> Considérons la peau
> Que l'artisan apprête,
> Conservons le fourreau,
> Sans regretter la bête.

En effet, si l'on consulte l'histoire sur le compte de ceux qui ont passé à la postérité, l'on trouvera que plus de neuf-dixièmes sont moins intéressans que leur habit. Chaulieu nous a bien tracé la vie molle

molle et oisive de tous ces pieux et inutiles parasites , quand il dit ,

> » Dans votre séjour enchanté ,
> » Buvez frais , faites chère lie (3) ,
> » Dieu vous donne prospérité ,
> » Son paradis en l'autre vie ,
> » Dans celle-ci , joie et santé :
> » Goutez bien votre oisiveté ,
> » Bornez aux *seuls* plaisirs votre philosophie ;
> *Mais garez-vous sur-tout de la postérité.*

Ils ont si bien évité la postérité , qu'il ne lui sera jamais possible de les atteindre.

Si ces moines ont été du nombre de ceux que l'on attribue à Sainte Hélene , mère de l'empereur Constantin , personne ne le prouve, et s'ils ont été logés à Sainte Sophie de Constantinople , le logis valait mieux que les hôtes ; car il dure encore , tandis qu'eux sont oubliés.

Leur habit était une robe ou tunique , une chape ou cape , ouverte des deux côtés du haut en bas , et sur le devant de laquelle était une croix rouge (4) , et par-dessus cette cape , un camail assez grand , qui descend assez bas derrière les épaules , et dont le capuce couvre la tête : le tout blanc. Il ne paraît

---

(3) On dirait à présent , faites bonne chère , chère délicieuse , etc. Ce mot vient du latin *lætus* , content , gai , joyeux Il n'est plus en usage dans ce sens. On ne s'en sert que pour exprimer le plus impur d'une liqueur : la lie , au moral , au figuré , a les mêmes significations , et désigne le rebut. En latin , *fæx* , gen. *fecis.*

(4) » *Magna cruce rubea signat pectus.*

Tom. I.   P

pas qu'ils ayent eu ni cheveux ni barbe , quoiqu'Ammanus leur en ait donné sans aucune raison , puisqu'il a copié des figures qui n'en ont pas.
Nous les représentons *figure n° 2 , planche n°. 24.*

CONCLUSION.

On peut classer ces bipèdes (5) parmi les inutiles
oubliés , et l'on ne doit pas craindre de commettre
une injustice en les plaçant ainsi.

Nos principaux auteurs sont :

Abraham Bruin , Michiel Colyn , Jodocus Ammanus , Franciscus Modius , Crecellius , Mirœus ,
Polidor. Vergilius , Schoonebeek , Héliot et Bar.

---

(5) Bipèdes , du latin *bipes.* C'est le nom de tout être qui a deux
pieds.

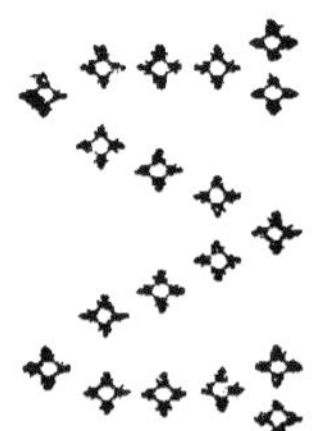

CHAPITRE XXVIII.

FRERES BLANCS,

Soi-disant répandus dans la Prusse et dans l'Allemagne, vers le commencement du quatorzième siècle.

Nous n'avons trouvé qu'un auteur, qui ait pris la peine de nous parler positivement de l'existence de ces moines ; et nous en avons trouvé un autre, qui a pris celle de nous prévenir de même contre cette prétendue existence. Il nous semble résulter de ce conflit d'opinions, que celui qui nous en a peu dit, n'en a pu savoir davantage, parce que ces espèces d'ordres, n'ayant pas été d'une utilité fort étendue, n'ont pu avoir de renommée, et que le prix naturel dû à leur valeur intrinsèque, est, et doit être l'oubli.

> » Loin de *nous* ces faux cénobites,
> » Qui voués encor tout entiers
> » Aux vanités qu'ils ont proscrites,
> » Errant de quartiers en quartiers,
> » Vont dans d'équivoques visites,
> » Porter leurs faces parasites,
> » Et le dégoût de leurs moûtiers (1).
> *Gresset.*

(1) Moustier, moûtier, nom que l'on donnait autrefois aux couvens ou monastères.

Quand à celui qui nie leur existence, nous le croyons intéressé à nier, tant par un grain de vanité, que pour l'intérêt de la profession de moine, à laquelle il est attaché, et l'on sait ce qu'on doit penser de ces hommes,

>> Qui , non guéris de l'ignorance
>> Dont on a pétri leur enfance,
>> Restent noyés dans mille erreurs,
>> Et damnent toute âme sensée,
>> Qui , loin de la route tracée,
>> Cherchant la persuasion,
>> Ose soustraire sa pensée
>> A l'aveugle prévention.
>> *Gresset.*

Nous croyons, nous, qui sommes partie désintéressée, que cet ordre est du nombre de ces êtres éphémères que l'on voit finir avant d'avoir pu soupçonner leur existence.

Le hollandais Schoonebeek, qui parle de ces moines, dit : « cette secte qui parut dans la Prusse, >> au commencement du quatorzième siècle, était >> une société d'hommes qui prirent ce nom à cause >> qu'ils portaient des manteaux blancs, où il y avait >> une croix verte de Saint-André, et qui se disaient >> avec des révélations particulières pour aller re- >> couvrer la Terre - Sainte d'entre les mains des >> infidèles. On vit quantité de ces frères en Alle- >> magne ; mais la tromperie de ces imposteurs ayant >> été découverte, peu de tems après, leur ordre >> disparut. »

Le même auteur dit que leur habit était une robe

noire avec un scapulaire de la même couleur, et par-dessus, un manteau blanc, sur lequel, du côté gauche, était une croix de Saint-André, verte; la coiffure était un capuce attaché à un camail, aussi blanc : ils ne coupaient point leur barbe, ce que l'on peut voir par la *fig.* n°. 3, *pl.* n°. 25, imitée de Schoonebeek et de J. Ch. Bar.

Cet institut a pris naissance dans ces tems où le peuple croyait de bonne-foi, qu'en se faisant tuer pour un objet de dévotion, le ciel était la récompense de ce dévouement aveugle; on avait alors la bonhommie, de ne pas croire qu'un pape pouvait se servir de ce mobile, pour satisfaire son ambition, et que la religion n'était que le prétexte. Les rois assez pieux, assez sots, ou assez scélérats pour sacrifier le sang d'une grande partie des peuples qui sont confiés à leurs soins, ne feraient pas fortune à présent; on les laisserait aller seuls. Ils ont été sanctifiés par les prêtres; aujourd'hui nous leur rendrions plus de justice, nous les ferions descendre du trône, s'il était possible qu'il se fût trouvé assez de sots pour suivre leur plan, et l'on dirait avec raison, de chacun d'eux,

>> J'ai vu l'impie adoré sur la terre;
>> Pareil au cèdre, il cachait dans les cieux,
>> Son front audacieux.
> Il semblait à son gré gouverner le tonnerre,
>> Fouler aux pieds ses ennemis vaincus.
>> Je n'ai fait que passer, il n'était déjà plus.

Racine.

En abondant même dans leur sens, les rois sont

P 3

des bergers et ne doivent pas être des bouchers.

Conduire, n'est pas égorger.

Enfin , débarassés des moines et des rois, nous pouvons faire quelques réflexions ; les moines , jadis, vivaient chez nous, comme à présent chez les autres, en hypocrites, pour tromper les humains ; les rois, en nous tyrannisant , avaient l'air de nous protéger , de nous combler de leurs bienfaits ; l'habitude de vivre avec les uns et les autres nous empêchait d'y faire trop d'attention ; mais aujourd'hui le masque est tombé , et nous pouvons à bon droit leur dire , ainsi qu'à tous les tyrans , sous quelque dénomination qu'ils se cachent : « à présent, tous vos soins » seraient superflus ; soyez citoyens , vivez en bons » frères, car aussi bien vous ne réussiriez plus. »

» Quittez le vain projet de tromper les humains,
» On ne les trompe point : la malice envieuse
» Porte sur votre masque un coup d'œil pénétrant ;
» On vous devine mieux que vous ne savez feindre ;
» Et le stérile honneur de toujours vous contraindre ,
» Ne vaut pas le plaisir de vivre librement.

Voltaire.

CONCLUSION.

Cet ordre eut le sort qu'auront tous les moines , ils sont nés des abus, ils finiront ; les abus leur survivront , parce qu'ils ne font que changer ; mais les moines ne changeront pas , ils passeront tout-à-fait.

Voyez-en le prélude en France , etc.

Nos auteurs sont :

Schoonebeek , Hélyot, et J. Ch. Bar.

CHAPITRE XXIX ET DERNIER.

CHANOINES RÉGULIERS,

DU PRIEURÉ DES DEUX AMANS,

PRÈS ROUEN.

Selon la tradition du pays, ce prieuré doit son origine à une avanture aussi singulière que touchante ; et qui peint bien les mœurs féodales du siècle.

Guillaume de Mallemain, seigneur de ce pays, fonda ce prieuré, où Geneviève sa fille, et Beaudouin son amant, sont inhumés.

» Ce Guillaume de Mallemain, fut un de ces seigneurs, un de ces barbares titrés qui s'ennorgueillissaient de l'impunité, digne prérogative du gouvernement féodal (1), heureusement détruit en France. Ce monstre ne savait trop comment

______

(1) Ce nom est un terme de jurisprudence ancienne, qui signifie tout ce qui concerne les fiefs, et ce qui appartient à cette matière.

Le mot fief signifie un bien pour lequel on doit foi et hommage av c d'autres redevances, au seigneur dont on relève.

C'est en langage de franc républicain, une vraie marque d'esclavage.

égayer son féroce despotisme ; il lui passait continuellement dans la tête les plans d'amusemens les plus absurdes et les plus inhumains, et c'était toujours à ces derniers que sa stupide imagination s'arrêtait. Il faut croire que c'est de cette manie brute de singularité, que sont nés ces bisarres redevances attachées à nos anciens fiefs : sottises dont *enfin nous sommes affranchis.*

> *L'âge d'or ne fut qu'une fable ,*
> » N'envions rien à nos ayeux ;
> » En tout tems l'homme fut coupable ,
> » En tout tems il fut malheureux.

Gresset.

Notre banneret (2) se livrait donc à toutes les extravagances que lui permettaient et sa naissance et ses richesses : il avait une fille unique, nommée Geneviève , que toutes les chroniques du tems peignent comme un miracle de beauté ; d'après cette idée , il est tout simple d'imaginer qu'une infinité de prétendans désiraient sa main. On peut croire encore que Geneviève était sensible , et Beaudouin , jeune chevalier du voisinage , ne pouvait en douter , il avait su lui plaire , tous deux s'aimaient

---

(2) Titre des anciens seigneurs qui avaient droit de lever une bannière , pour composer une compagnie de leurs vassaux.

Ce titre d'abord fut personnel , et ne s'obtint que par la valeur ; puis il fut attaché aux fiefs et devint héréditaire ; de sorte qu'un lâche héritier jouissait de la récompense d'un ancêtre vaillant , quoiqu'il ne le méritât pas.

La marque distinctive de ce grade , était les éperons dorés , car les autres les portaient blancs.

de l'ardeur la plus tendre et la plus vive ; mais en public , ils avaient soin d'éviter la rencontre de leurs regards , et , tour-à-tour pourtant , ils s'admiraient furtivement ; leurs timides prunelles n'étaient pas aussi actives à se fuir qu'à se chercher ; il leur arrivait souvent de laisser échapper une étincelle qui portait avec elle le trouble du bonheur.

> » Après *ces* instans de délire ,
> » Les aveux étaient superfius.
> » Ils n'avaient plus rien à se dire ,
> » Et leurs cœurs s'étaient entendus.
>
> *Desmoutiers.*

Mais le jeune homme cachait avec soin sa passion à tous les yeux , il était sans fortune , et de tous les tems l'intérêt à présidé aux mariages. Le père de Geneviève ne voyait que le peu de bien dont l'amant jouissait , sa vue ne s'étendait pas jusque sur toutes les heureuses qualités , véritables bienfaits de la nature , dont il était amplement pourvu.

Beaudouin, qui connaissait son tyran , était donc bien convaincu qu'il ne serait jamais l'époux de la belle Geneviève ; mais l'amour raisonne-t-il ? La tendresse de ces deux jeunes infortunés s'accroît en proportion des obstacles : rien n'approche de la crédulité des amans ! Ils croyent , ils espèrent tout ce qu'ils desirent , ils finissent même par jouir d'une certaine sécurité qui fait leur malheur. Un jour , sans doute le plus beau de leur vie , ils en étaient

aux adieux , Geneviève , baissant son voile , disait
les larmes aux yeux :

    » Pourquoi faut-il , lorsqu'on s'aime ,
    » Mon doux ami , se désunir
    » Et se séparer de soi-même !
    » Jures-moi bien de revenir.
    » Adieu . . . . . je sens que pour te suivre ,
    » Mon cœur s'en va ! . . . . prends ce soupir . . . .
    » Toute la nuit je vais mourir ;
    » Mais demain j'espère revivre.

Desmoutiers.

Un baiser termina ces adieux ; mais ô douleur
cruelle ! Le père est instruit de la passion de sa
fille : il surprend le jeune homme avec elle ! Ses
premiers mouvemens sont pour l'immoler à une
vengeance qui brûle d'être assouvie. Geneviève ne
connaît de plus grand malheur que celui de perdre
son amant : elle se jette aux pieds de son père , les
arrose de ses larmes , lui demande grâce pour son
amant , menace de s'arracher la vie si l'on attente
à celle de Beaudouin. Le vieux banneret sort de son
délire furieux ; les tigres ont des entrailles pour
leurs enfans ; sa féroce rage se ralentit ; mais son
orgueil ne perd rien de sa force , et montrant du
doigt une coline située près son château , il s'a-
dresse à Beaudouin , et lui dit : « Tu as été assez
» téméraire pour oser lever les yeux sur ma fille ,
» eh bien ! sois son époux , j'y consens , mais aux
» conditions que tu porteras Geneviève jusqu'au
» sommet de cette colline sans t'arrêter ; le moindre
» repos te fera perdre ta conquête . . . . Le jeune

Chevalier ne le laisse pas achever, il vole à sa maîtresse, l'emporte dans ses bras, s'élance vers la colline, en s'écriant : je te possèderai ! je te possèderai !

» Des vrais Français, tel est le caractère !

Une foule de vassaux assistait à ce spectacle, tout-à-la-fois intéressant, extravagant et barbare.

On a bien raison de peindre l'amour avec un bandeau sur les yeux. Beaudouin n'avait consulté que l'excès de tendresse ; ses regards ne s'étaient pas portés sur la difficulté de la tâche qu'on lui imposait, ils étaient fixés seulement sur Geneviève. Son amour lui donnait des ailes, il montait la colline avec rapidité : il sentait le cœur de son amante palpiter contre le sien. « Je tremble, lui » disait-elle, oh ! tu n'arriveras pas, tu n'arriveras » pas au sommet ! modère ton impétuosité....... Ne crains rien mon adorable Geneviève, tu ne connais donc pas le pouvoir de l'amour ? J'atteindrais jusqu'au ciel pour te posséder.

Toute l'assemblée formait les vœux les plus ar-dens pour ce couple aimable ; on excitait Beaudouin par des applaudissemens ; ses forces, qu'il n'avait pas d'abord assez ménagées, se ralentissent, il commence lui-même à s'en appercevoir. Chère amante, disait-il à sa maîtresse, parle-moi, repète-moi que tu m'aimes, attache tes yeux sur les miens, je m'éleverai au-dessus de l'humanité ; cependant la nature l'abandonnait, il n'y avait plus que l'amour qui le soutint ; il porte la vue sur la hauteur de la colline. Elle est bien élevée, lui dit son amante déjà consternée, et frissonnant de frayeur !

> » Ce n'était point ce trouble extrême,
> » Ce frisson brûlant du désir,
> » Heureux précurseur du plaisir,
> » Plus doux que le plaisir lui-même.

Desmoutiers.

C'était la crainte d'échapper à son amant, de le perdre sans espoir de retour : vas, lui dit-il, sois sans inquiétude, mon bel ange, j'y atteindrai, j'y atteindrai.

Qu'il est bien vrai que l'amour fait faire des miracles ! Beaudouin n'est plus un homme, c'est le génie de l'amour, qui triomphe des obstacles les plus insurmontables : la vive inquiétude des spectateurs s'exprimait par des cris, ils frémissaient, ils montaient, ils souffraient avec le jeune chevalier, qui regardait toujours fixement le sommet, comme le terme heureux de ses travaux ; on suivait tous ses mouvemens ; on voyait ses membres se roidir, combattre la lassitude : Geneviève était éplorée : et enfin, enfin, un dernier effort le porte à la hauteur, où il tombe avec son précieux fardeau sur la terre, qu'il semblait embrasser comme le monument de sa victoire. Une acclamation universelle annonce son triomphe ; les cris redoublés, il est vainqueur ! il est vainqueur ! percent la nue, et font renaître l'espoir dans l'âme de Geneviève ; elle s'écrie à son tour, mon amant, tout ce que j'aime, sera donc

mon époux ! elle se précipite dans son sein , elle lui adresse les paroles les plus touchantes ; mais hélas ! son silence , la pâleur de son front , ses yeux fermés , tout annonce qu'il est prêt d'expirer. O ciel ! dit Geneviève , il ne serait plus ! il a succombé à la fatigue ; il est mort ! ces mots passent de bouche en bouche ; la consternation est sur tous les visages ; tous les yeux sont fixés sur le sommet de la colline. Geneviève pleurait, embrassait son amant, s'efforçait de le rappeller à la vie ; ses baisers, ses larmes brûlantes ont ranimé Beaudoin ; il ouvre un œil presqu'éteint , et peut à peine articuler d'une voix défaillante : « je me meurs , Geneviève ; que du-
» moins , sur mon tombeau , on me donne le nom
» de ton mari ! cette idée me console ; ô mon unique
» amour , reçois mon dernier soupir....... »

Les spectateurs , qui ne perdaient rien des moindres gestes qui échappaient à Geneviève , s'étaient rendus avec elle à l'espérance ; ils avaient aisément compris que Beaudouin était rendu à l'amour ; ils jugèrent de même qu'ils n'avaient eu qu'un moment rapide d'espoir ; ils en furent convaincus au cri affreux que poussa Geneviève , en retombant sur le corps immobile de son amant. L'inhumain banneret n'est plus rempli que d'un seul transport ; de toutes les craintes de l'amour paternel : il vole à la colline ; on se précipite sur ses pas ; on est parvenu au sommet ; on trouve la tendre Geneviève , pressant encore de ses deux bras glacés , le malheureux Beaudouin ; son père cherche à la faire revivre ;

son âme l'avait pour jamais abandonnée. Alors toute l'assemblée se livrant à son juste ressentiment, éclate en reproches furieux contre le barbare, qui serrait vainement sa fille contre son sein.

On relève les deux victimes, on les dépose en pleurant dans le cercueil; la piété vint consacrer ce monument de la douleur et de la compassion. On érigea sur cette hauteur une chapelle. Le père, desirant en quelque sorte expier sa cruauté, ordonna que ceux qu'il avait voulut séparer pendant leur vie, y fussent réunis après leur mort. Ce lieu, depuis, a porté le nom de Prieuré des deux amans.

Les prêtres, qui de tous les tems n'ont vécu que de merveilles, ont rejetté cette origine, qui, selon eux, est trop profane et tient trop du roman, pour être digne de leur admission. Ils ont préféré celle que l'on trouve dans Grégoire de Tours, sans faire attention que cette dernière, qui est antérieure de six cents ans environ à l'érection de ce prieuré, est censée s'être passée en Auvergne. Nous la rapporterons pour en faire connaître le ridicule, et donner une idée des moyens que cette caste (3), aussi fourbe que vaine, a toujours employé pour aller à ses fins, en tenant le peuple sous le joug de la plus profonde ignorance, et de la crédulité la plus complète.

Ils disent impudemment qu'un mari et une femme, quoiqu'unis par les liens du mariage, et

____

(3) Ce nom s'employe souvent pour celui d'ordre, d'espèce, ou de race.

habitans ensemble jour et nuit , gardèrent cependant une exacte continence; après plusieurs années, le mari se fit tonsurer , et la femme se fit religieuse. Cette dernière étant morte , son mari lui rendit les derniers devoirs ; et dans le moment où il la mettait dans le tombeau , il leva les mains vers le ciel , et dit : je vous remercie , souverain Arbitre de toutes choses , de ce que vous m'avez fait la grace de vous rendre dans toute sa pureté , le dépôt que vous m'avez confié..... A ces mots , la défunte se mit à sourire , et lui dit (4) : Homme de Dieu , taisez-vous ; pourquoi , sans qu'on vous le demande , divulguez-vous une chose qui doit demeurer secrète entre nous ? et après avoir prononcé ce peu de paroles , elle se couvrit de son linceuil , et se tut. Peu de tems après, le mari mourut aussi, et fut inhumé dans la même église , d'un côté opposé : le lendemain on trouva que les deux tombeaux s'étaient rapprochés , et étaient tellement joints ensemble , qu'ils n'en faisaient plus qu'un.

Nous ne concevons pas comment les auteurs qui ont écrit sur ce prieuré , ont pu proposer cette fable , au préjudice de la tradition du pays, qui n'a rien qui puisse la faire rejetter des gens sensés ; tandis que celle-ci , qui ne peut passer qu'à l'aide d'un anachronisme assez considérable (5) , et de

----

(4) Dans ce tems-là les morts parlaient.

(5) Anachronisme , c'est une erreur de chronologie , qui consiste à placer un évènement plus tôt qu'il ne doit l'être. Ce nom est composé

l'imbécilité sous laquelle les prêtres avaient le soin de retenir les peuples , est un tissu grossier de fourberies cléricales.

Nous ne relèverons pas les invraisemblances de cette pieuse fable ; elle contient assez d'autres ridicules , pour que les gens sensés puissent la juger sans appel.

Mais les miracles ont eu leurs siècles , et la lumière de la vérité aura les siens ; nous y touchons , et la chûte du despotisme des prêtres nous en assure la durée.

Au surplus , cette fable de la réunion des deux sépultures , n'est pas aussi extraordinaire que celle d'Amphyon , bâtissant les murs de la ville de Thèbes par le son de son luth : au contraire , celle-ci est bien plus facile à croire , puisqu'il y a moins de difficulté à faire mouvoir deux sépulcres pour les réunir , qu'à mettre au pas , en marche réglée par la mesure de la musique , la masse énorme des pierres nécessaire pour construire les murs d'une ville comme Thèbes.

> » Aux accords d'Amphyon les pierres se mouvaient ,
> » Et sur les murs Thébains , en ordre s'élevaient.

Boileau.

Cependant , et sans être inconséquent , nous conviendrons , si l'on veut , que la réunion des sé-

---

de deux mots grecs , ἀνα , ana , éloigné, et χρονισμός chronismos , qui vient de χρόνος. chronos , tems , c'est-à-dire , au-delà du tems.

pulcres

pulcres est un fait historique ; mais qu'on nous permette une légère observation.

Un vieux proverbe dit : « *Le prêtre doit vivre* » *de l'autel , etc.* ».

Voilà ce qui n'a pas nui , à toutes les petites supercheries que le clergé a pu mettre en usage , pour mieux fonder sa cuisine de la manière la plus solide : en conséquence, les *miracles* étant de l'aveu général , le meilleur chef de cuisine possible de ces tems-là, on a trouvé très-bon de s'en servir. Alors on en fabriqua et des plus beaux, et des meilleurs ; car il faut vivre , et pour y parvenir , il faut avoir des revenus; mais lorsqu'on n'en a pas , et qu'on a pris le parti de ne pas travailler , il faut bien que l'imagination s'exerce pour y suppléer , afin de ne pas laisser l'estomac dans l'inaction.

D'ailleurs , il ne fallait pas alors des efforts bien considérables , pour en imposer à nos bons ayeux qui n'étaient pas profonds en physique : ils croyaient aux miracles ! ils croyaient fermement, que la même puissance qui avait fait arrêter le soleil (6) au milieu du jour , pouvait bien encore faire mouvoir les pierres , leur foi était abondante ; ce n'étaient pas des incrédules comme Thomas ; **on était si bon** jadis.

> De ces pieuses niaiseries ,
> Le bon peuple fut satisfait :
> Avec telles supercheries ,
> On le dirigeait au parfait:.

______

(6) Il est prouvé que *c'est la terre , et non le soleil qui se meut ;*

Tome I. Q

Nous trouvons peu de chose touchant l'origine de ce prieuré : on ne sait pas positivement l'année qu'il fut établi ; mais tous les auteurs sont d'accord que ce fut au douzième siècle. Ils conviennent aussi de l'époque où la réforme y fut introduite.

Ces inutiles ont été établis au diocèse de Rouen, vers le 12me siècle, sous le nom de chanoines du Prieuré des deux amans ; ils ont embrassé la réforme de la congrégation de France le 24 mai 1648, et ont cessé de porter l'aumusse noire sur la tête, pour se vêtir comme ceux de la congrégation de France, à laquelle ils s'unirent.

Leur habit consistait en une tunique ou robe blanche, un rochet, et une aumusse noire qui leur servait de coifure, ils avaient leur barbe selon l'usage de ce tems ; mais ils ont laissé, et la barbe et l'aumusse sur la tête pour se mettre comme nos élégans chanoines, auxquels ils se sont unis. Voyez leur premier costume, *planche* n° 25, *figure* n° 4.

CONCLUSION.

Un malheur, l'usage fanatique, superstitieux et très-accrédité alors, donna naissance à ces chanoines. Ils furent inutiles comme tous ceux de leur espèce, et l'on aurait tort de s'en plaindre ; car,

» A d'immuables loix la nature est soumise.

---

mais les théologiens nous disent, oui... depuis Galilée ; car auparavant c'était comme nous disons.

Ils ont suivi leur destinée , et grace au ciel , elle n'était pas éternelle.

> On peut la définir,
> Exister et mourir.

Nos malheureux amans les ont précédés , et ils leur survivront, parce qu'ils intéressent tous les cœurs sensibles ; tandis que nos chanoines n'intéressaient qu'eux. La philosophie élevera sur les débris de la chapelle qui les renferme , un tombeau digne d'eux , et plus analogue au vœu de la nature : les amans iront s'y jurer un amour réciproque et bien senti : ces deux cœurs tendrement épris , seront leurs divinités, leurs modèles , et

> Pour que le souvenir,
> Retrace à l'avenir,
> Comme ils ont su finir.

On gravera leur triste avanture sur le monument ; les pères iront y faire le serment d'abhorer le despotisme paternel , et les enfans y puiseront des leçons de tendresse et de fidélité. La vérité tracera de sa main leur épitaphe, on y lira :

> » De deux amans l'égale flàme ,
> » Doublement *sait* les rendre heureux.
> » Les indifférens n'ont qu'une âme ;
> » Mais lorsqu'on aime on en a deux.
>
> *Elite de poésie , t. 1.*

Les auteurs qui en ont parlé, sont :

Grégoire de Tours , *Libro de gloria Confessorum ,* chap. 32 , etc.

Du Molinet, *pour le vêtement.*

Sammarthan, *Gallia christiana,* etc.

Pennottus, *Histor. tripartita, lib.* 2, etc.

Schoonebeek, *Hist. des ordres relig.* etc.

Filippo Bonanni, *Catalogo degli ordini religiosi,* etc. *tomo* 2, *pagina* 396.

Le père Hélyot, *Hist. des ordres relig.,* etc.

Le Journal de Paris, 8 *mars* 1779, *n°.* 67.

Et J. Ch. Bar, *Recueil de tous les costumes religieux et militaires, avec fig. coloriées, etc. in-fol. Paris,* 1778 *et suivantes.*

LES POURQUOI DU CLERGÉ.

Pourquoi des vers dans cet ouvrage ?

Pour égayer la matière , assez sèche d'elle-même.

Pourquoi ne les avoir pas fait exprès (1), plutôt que de citer des passages tronqués et connus (2)?

C'est qu'il nous a semblé qu'un éclat de diamant, tout tronqué et tout connu qu'il est , a plus de prix qu'un morceau de verre tout entier , eût-il encore le mérite de la nouveauté.

(1) Un auteur à talons rouges , dirait que c'est parce qu'il n'a pas voulu prendre la peine de les faire ; nous disons , nous , que franchement nous croyons les vers que nous avons cités , meilleurs et plus variés que ceux que nous aurions pu faire ; car nous en faisons aussi , mais nous les gardons soigneusement du grand jour. On sait que les vers sont, assez souvent, comme le bon vin et les amis , ce ne sont pas toujours les plus nouveaux qui sont les meilleurs.

Nous n'avons cependant pas rejetté ceux qui , quoique nouveaux , nous ont paru mériter quelque préférence ; cela nous a procuré cette richesse que nous n'eussions pas trouvée dans notre petit domaine ; nos bois ne produisent que de simples violettes , au lieu que les jardins délicieux où nous avons été cueillir , nous ont fournis , dans l'occasion , de belles fleurs.

Nous nommons les propriétaires chez lesquels nous nous sommes enrichis ; ceux dont nous n'avons pu nous procurer les noms, sont indiqués par des guillemets , et quelquefois par le mot anonyme ; quant aux vers qui n'ont ni guillemets ni noms , *l'auteur* veut garder l'anonyme jusqu'à nouvel ordre. Ce sont de ces enfans perdus qu'on ne veut pas reclamer , s'ils ne font pas fortune.

(2) Ce n'est pas pour ceux qui les connaissent que nous avons écrit ;

Pourquoi vouloir ouvrir les yeux du peuple sur les matières de religion ?

C'est pour qu'il devienne capable de les apprécier, et qu'il cesse d'en être la dupe.

Pourquoi le prévenir contre des erreurs qui le rendait heureux ?

C'est que ce prétendu bonheur que l'on vante, et qui n'était le partage que d'un très-petit nombre d'individus, n'existait qu'aux dépens du bonheur général.

Pourquoi détruire, cette consolation que la religion présentait aux malheureux ?

Rien n'est détruit, que le charlatanisme des prêtres; car celui qui voudra croire, sera toujours libre de conserver sa croyance, telle qu'elle puisse être; mais il n'y sera plus forcé par le despotisme de l'église.

Pourquoi des faibles mortels osent-ils faire des

____

ils peuvent se dispenser de nous lire. Mais la classe laborieuse pour laquelle nous travaillons, n'a jamais eu le tems de lire, ni le goût de la lecture ; elle n'a pu parcourir, ne les connaissant pas, tous les auteurs que nous lui avons rassemblés pour l'instruire en l'amusant ; au lieu que les fragmens que nous mettons à sa portée, peuvent lui donner le goût d'une étude plus étendue et suffisante à ses besoins, et même, avec le tems, capable de l'éclairer assez pour la garantir des piéges des intrigans qui l'environnent, et des fourbes qui, étudiant ses faiblesses, l'éblouissent par des raisons quelquefois spécieuses et jamais solides,

vains efforts pour détruire une si sainte religion
que la religion chrétienne ?

Si les efforts des hommes sont vains, pourquoi les craindre? laissez-les faire; si cette religion sainte est l'ouvrage d'un Dieu tout - puissant, l'univers entier et tous les siècles ne pourront la détruire ; elle se trouvera gravée en caractères clairs et intelligibles dans le cerveau de l'être le plus simple et le plus borné ; les enfans la comprendront à mesure que l'âge et la raison se développeront en eux ; ils n'auront pas plus besoin de cathéchisme et de prêtres pour y croire, qu'il ne leur en faut pour croire au soleil, au jour, à la nuit, au froid, au chaud, à la végétation, aux élémens et à tout ce que la bonne nature met sous leurs yeux.

De l'attention, un peu d'étude et de la bonne-foi, suffisent pour faire admirer les prodiges de la nature.

Pour les RELIGIONS, c'est tout le contraire ; plus on les étudie, plus on cherche à les approfondir, plus on veut les soumettre aux lumières de la raison, plus, enfin, l'on est de bonne-foi, et plus on reconnaît qu'elles ne sont que l'ouvrage informe d'une faible sagesse, d'une sagesse très - humaine et très-vaine; on y reconnaît le cachet de l'imposture, qui, sous le masque de la divinité, a voulu éblouir les hommes, pour les subjuguer et les faire servir de substance à la plus dévorante ambition et à l'avarice la plus révoltante (3).

___

(3) En 1322, le pape Jean XXII envoya exprès à Venise les

Pourquoi s'obstiner à vouloir que les hommes ne se conduisent que d'après leurs fantaisies, et détruire toutes les religions ?

Pour établir enfin la religion des loix, la seule

---

nonces, *Ardenaro Largo* et *Falcone Cestari*, pour y ramasser tous les deniers laissés à la chambre apostolique (a), par les marchands qui avaient fait le commerce du levant (b).

Il est bon d'observer que dans ces temps heureux pour la sainte église romaine, cette digne épouse de Jésus-Christ, faisait prêcher et

---

(a) *En* 1322, *cette chambre apostolique était dépositaire de grosses sommes que ces deux légats ultramontains (.·.), couvaient déjà des yeux ; mais les procurateurs qui, dans Venise, sont de droit et de fait les pères des pauvres et des orphelins, crurent qu'il était de l'exacte justice de remettre les riches successions,* déposées par la peur de la damnation éternelle, *aux héritiers des imbéciles qui, pour se sauver à leur dépens, des terreurs vaines d'un enfer chimérique, les en avaient frustrées en les laissant à l'église.*

La sainte église vit avec horreur une telle impiété ! quoi ! priver le saint siège d'un gain acheté au prix des sueurs de ses plus fidèles sujets, et de la violation de toutes les loix de l'honneur et de la probité ? l'on ne brave pas impunément Rome ! Le Saint-Père monta sur ses grands chevaux, et comme le père Duchesne, il se mit en grande colère contre Venise ; il excommunia tous les procurateurs, qui ne s'en inquiétèrent pas. Les successions retournèrent aux familles, et le pape fit la moue. Depuis cette époque, les marchands furent moins sots, et les héritages, dans l'état Vénitien, ne devinrent plus le patrimoine du Saint Siége.

(b) *Comme dans ces siècles-là l'on n'avait pas encore des notions justes sur la nature de ce que les prêtres ont appellé enfer, et qu'alors on y croyait, ainsi qu'aux revenans, aussi fermement qu'à présent on s'en rit, les négocians qui avaient commercé directement ou indirectement avec les*

.·. Voyez la note 19 du chapitre des Frères du Purgatoire, page 26 de ce volume.

vraie et la seule qui convienne à tous les climats et à tous les peuples. C'est la seule aussi que l'on

insinuer par tous les moyens possibles, que tout négociant ayant eu des relations avec les infidèles, était damné ; que le Dieu des chrétiens, tout bon, tout miséricordieux, ne l'exempterait des peines de l'enfer, s'il ne laissait en mourant, au saint siége, par forme de restitution expiatoire, le montant net de tout ce qu'il avait gagné avec les ennemis de la sainte religion chrétienne.

Qu'on ne vienne pas nous objecter que pour sauver un seul individu, l'on ruinait de nombreuses familles, on vous répondrait qu'il faut que cela soit la volonté de Dieu, puisque l'église l'ordonne.

En conséquence, tout le clergé en général, et les moines en particulier, furent expressément chargés de jetter des scrupules dans les consciences des moribons ; de leur refuser même l'absolution et tous les secours spirituels, s'ils n'étaient pas dociles aux volontés de l'église (c). Le pape Clément V (d), dont la mémoire et la probité seront toujours précieuses aux âmes droites et bienfaisantes, donna, en 1307, une bulle pour fixer la destination de ces biens, si légitimement acquis à l'église.

---

lévantins, déshéritaient leurs enfans pour sauver leur âme. Ils abandonnaient tous leurs biens au pape, dans la crainte d'être damné.

Avare Rome as-tu jamais rougi !

(c) *Chaque pontife a su faire parler l'église et la religion selon ses intérêts, ses passions, et sa volonté fut toujours aux yeux du peuple crédule, la volonté suprême de l'église.*

(d) *Clément V, compatriote et complice de Philippe-le-Bel, roi de France, l'aida à faire griller les Templiers, trop riches et trop puissans pour être soufferts par des souverains qui savaient régner. Ce pape donna, en 1307, une bulle très-désintéressée, qui ordonne que tous les gains faits avec les infidèles, seront restitués au profit du pape, pour dédommager la religion des torts que la fréquentation de ses ennemis a pu lui causer. Nous aurons occasion de faire connaître ce pape dans le chapitre des Templiers, où il joue un des principaux rôles.*

puisse regarder comme religion dominante , et celle de l'état , proprement-dite , parce qu'elle protège egalement tous les cultes , tels qu'ils soient ; c'est-là ce que l'on doit appeller la vraie religion.

Les hommes qui professeront cette religion, ne seront pas des êtres abandonnés à leur fantaisie , mais des individus parfaitement libres.

Car ne vouloir faire que ce que l'on a consenti, c'est vouloir être libre.

Le despotisme de la *loi*, est le seul despotisme supportable pour des hommes vraiment libres.

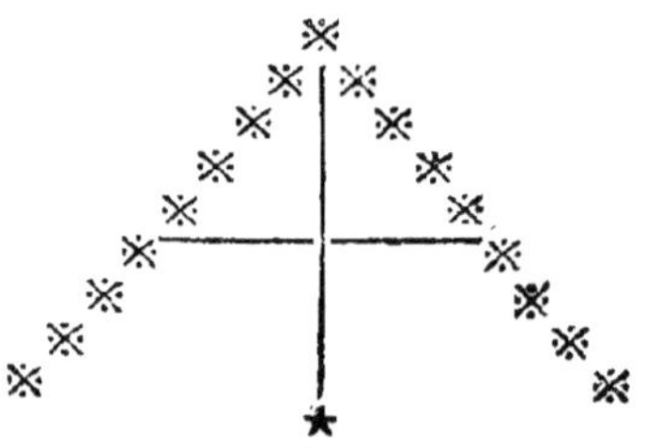

DÉCRET

Du 19 Juillet 1793,

Relatif aux Auteurs d'écrits en tout genre, aux Compositeurs de musique, aux Peintres et Dessinateurs.

LA Convention nationale , après avoir entendu son comité d'instruction publique, décrète ce qui suit :

ARTICLE PREMIER.

Les Auteurs d'écrits en tout genre, les Compositeurs de musique, les Peintres et Dessinateurs qui feront graver des tableaux ou desseins, jouiront, durant leur vie entière, du droit exclusif de vendre, faire vendre, distribuer leurs ouvrages dans le territoire de la République, et d'en céder la propriété en tout ou en partie.

I I.

Leurs héritiers ou cessionnaires jouiront du même droit durant l'espace de dix ans, après la mort des Auteurs.

I I I.

Les officiers-de-paix seront tenus de faire confisquer à la réquisition et au profit des Auteurs, Compositeurs, Peintres ou Dessinateurs et autres, leurs héritiers ou cessionnaires, tous les exemplaires des éditions imprimées ou gravées sans la permission formelle et par écrit des Auteurs.

I V.

Tout contrefacteur sera tenu de payer au

véritable propriétaire , une somme équivalente au prix de trois mille exemplaires de l'édition originale.

V.

Tout débitant d'édition contrefaite , s'il n'est pas reconnu contrefacteur , sera tenu de payer au véritable propriétaire , une somme équivalente au prix de cinq cents exemplaires de l'édition originale.

V I.

Tout citoyen qui mettra au jour un ouvrage , soit de littérature ou de gravure , dans quelque genre que ce soit , sera obligé d'en déposer deux exemplaires à la bibliothèque nationale ou au cabinet des estampes de la République , dont il recevra un reçu signé par le bibliothécaire , faute de quoi il ne pourra être admis en justice pour la poursuite des contrefacteurs.

V I I.

Les héritiers de l'auteur d'un ouvrage de littérature ou de gravure ou de tout autre production de l'esprit ou du génie qui appartienne aux beaux arts, en auront la propriété exclusive pendant dix années.

N. B. Les articles additionnels du présent Décret seront à la fin du second volume.

Les Exemplaires ont été fournis.

Pl. 2.
N.° 1.
N.° 2.

Pl. 3.

N° 3.
N° 4.

N° 1.
N° 2.

N.º 5.
Caroli fecit
1792.
N.º 3.
N.º 4.

Pl. 6.
N°1
N°2

Bl. 7.
N°3
N°4

Pl. 8.
N°1
N°2

Pl. 9.
N° 3
N° 4

Pl . 10 .
N.° I
N.° 2

Pl. II.
N°3
N° 4

Pl. 12.
N° 5
N° 6

Pl. 13.

N.º 7

N.º 8

Bl. 14

N. 9   N. 10

Pl. 15.

N.º 1.   N.º 2.

N.° 16

N.° 1
N.° 2

Pl. 17.
N.º 3.
N.º 4.
Rabellini fec. 1792

Pl. 18.
Nº 5.
Nº 6.

Pl. 19.

Rabelli fecit 1793.

Nº 7.   Nº 8.

Pl. 20.

N.° 1.
N.° 2.

Pl. 21.

N.º 3.   N.º 4.

Bl. 22.
N.º 1.
N.º 2.

Pl. 23.

N.º 3.

N.º 4.

Di·24·

N° 1
N° 2

Bl. 25.
abelli fecit   593.
N.º 3.   N.º 4.

Pl. 26.